金子晴勇［著］

東西の霊性思想

キリスト教と日本仏教との対話

YOBEL,Inc.

はじめに――キリスト教と仏教との霊性の比較は可能か

わたしたちが信仰について語るとき、我が国では仏教かそれとも他の宗教を信じているかが問題となる。ところがわたし自身は仏教の家に生まれたが、母はキリスト教の家で育ち幼児洗礼を受けていた。そこで仏教とキリスト教の両方から影響を受けることになった。父は仏教の教えを守り、毎月のようにお坊さんが家にお経をとなえに来られたので、それを拝聴した。ところが姉の影響でキリスト教の教会にも出席していた。こうして仏教とキリスト教の両方から宗教教育を受けることになった。その後、キリスト信徒になったが、仏教と対決したわけではなかった。だから京大では西谷啓治先生について宗教学を専攻したが、何ら抵抗を感じず、むしろキリスト教の理解を深めることができた。それこそキリスト教の霊性についての先生の教えであった。

わたしたちは仏教であれ、キリスト教であれ、信仰について語るとき、次の二つの側面があることを予め知っておかねばならない。それはその信じる対象の側面と、その信じる作用とを分けて考察することである。信じる対象は仏教とキリスト教ではまったく相違するが、信じる作用は類似する場合も認められる。この二面を日本の代表的なキリスト者である内村鑑三も「教理」と「霊的実験」とに分けて、「教理の主張の半面に必ず生ける霊的実験が伴う」と言う。その際、教理は「イエスがキリストである」という宣教内容を含む教えを指しており、それは歴史上ニカイヤ・カルケドン公会議によって定められたもので、一般にプロテスタントおよびカトリックの教会では「使徒信条」として示される。これはその後の歴史において変化しないキリスト教の教義である。この信仰の第一の側面は理性的にある程度は解明し、伝達することができるが、信仰の第二の側面は理性による把握を超えており、どうしても信仰の霊的な理解力によって理解せざるを得ない。また教義はそれ自体変わらないとしても、信仰作用のほうは歴史の経過とともに絶えず変化してきたのも事実である。そこに個々人の信仰の主体的な意義が霊性の作用によって豊かな歴史的な展開を見せているのではなかろうか。

わたしが初めて霊性について考えたのは、ヨーロッパ一六世紀の宗教改革者マルティン・ルターを人間学の観点から研究しはじめたときからである。一般的な理解ではルターはキリスト教教義の改革者と考えられており、その中心思想は信仰義認論である。このことに疑いの余地はない。だが、この義認論は法廷的な義認として理解される側面をもっていた。それは裁判官が法廷で罪人に無罪の判決を言い渡して放免する行為に比せられる。この無罪放免は神の一方的な判断として宣告されるだけであって、人間の側は未だ罪に染まったままである。このことは確かに救いの出発点であるとしても、救われた者にふさわしい生活である新生・更正・人間性・道徳性などの改造はどのようにして実現されるのか。こういう疑問は当然起こってくる。実際、義認における人間の側の内面的な経験や改造を無視すると、心における信仰が育成されず、教義の理解が形骸化することになる。ドイツ敬虔主義の時代にこの問題が表面化し、重要な課題となった。だが続く啓蒙時代には宗教蔑視の傾向が強まってきて、今日になると無神論とニヒリズムの時代へと移行することになる。それゆえ、わたしは初め信仰義認論をその内的な経験から人間学的に解明しようと志し、「良心」概念を通してルターの全思想を再検討してみた。次に、ルターに深く影響していたドイツ神秘主義の観点から再度ルターの思想を解明して初めて、彼の思想における「霊性」の意味の重要性にようやく気づくようになった。

この霊性についての正しい認識は内村やルターの宗教を理解するために重要であるだけでなく、人間自身を再考するためにも必要不可欠であると思われる。そこでわたしはこの霊性をヨーロッパ・キリスト教思想史を通して、それがいかなる機能を発揮してきたかを解明するように努めてきた。というのも人間学の立場から言うと霊性は心の作用として理性や感性と同じく人間の所与の機能として備わっているからである。またヨーロッパのキリスト教ではこの霊性がその思想形成においてどのような役割を演じてきたかという問題意識へと向かうようになった。さらにこの研究は必然的に進展していって、霊性の特質を東西の宗教における比較考察によってその理解をさらに深めるように促された。このことこそ本書において考察したいと願っている事態である。

ところでルターの研究を続けていくうちに次第に明らかとなったのはルターがディオニシオス・アレオパギテース（Dionysius Areopagita, 5th–6th century AD）の神秘主義を激しく批判している事実である。そこでルターの『ローマ書講義』（1515-16）から神秘思想を現わしている一節を引用してみたい。

神に接近するためにはただキリストによって十分備えられている、とわたしたちは確信すべきである。……ここでは神秘神学にしたがって内なる暗闇の中に向かうように努め、キリストの受肉した姿を見捨てる人々に関係している。この人々はまず受肉した御言により義とされ、心の目を浄められていないのに、創られたのではない御言自体に聞きそれを観照しようとする。〔それは間違っている〕なぜなら、まず心を清めるために受肉した御言が必要なのであって、清めを得てから初めて受肉した御言を通して創られたのではない御言の方に拉し去られる（rapi）のであるから。だが、もし神から呼ばれており、パウロとともに神によって拉致されていないとしたら、だれが一体そこへ向かって近づこうとするほどに自分が清いと思っているであろうか。……要するに、この拉致（raptus）は「接近」（accessus）とは呼ばれることができない（WA. 56, 299, 23-4; 299, 27 - 300, 7）。

ここに挙げられている「神秘神学」はディオニシオスの著作を指しており、ルターはキリストへの信仰によらないで、神秘的「否定の道」によって神に直接触れようとする「接近」を批判し、拒絶した。ディオニシオスの方法は人間の精神と知性を超えた「暗闇」の中にいる神に向かって、直接、無媒介に触れようとする。このように「接近」が人間の能動的な作用であるのに対し、神によって捉えられる「拉致」というのは最高の神秘体験であって、神の側からの「拉致」する働きかけによって神への「引き上げられる」高揚が起こり、拉致は信仰によって受容されるがゆえに、受動的である。そこで「この拉致は接近とは呼ばれることができない」という表明をもって本書がこれから考察する諸問題を解き明かすスローガンとしたい。というのは「受動的な義」という特質をもつルターの信仰義認論から神秘思想も展開していることが知られるからである。しかもその神秘主義の特質は神秘的な拉致体験にあって、その反対が「接近」という神秘主義のアプローチなのである。ルターの神秘思想はこの「拉致」という「受動的経験」のゆえに「信仰神秘主義」とも「義認の神秘主義」とも呼ばれる。それに対してディオニシオスの神秘主義は能動的な「思惟―神秘主義」と言われる。本書はこの対立から霊性思想の二つの類型を捉える試みなのである。

ところで、この霊性は人間の心の最内奥である「霊」の機能であって、一般的には「信仰心」

や「宗教心」もしくは「信心」と考えられている。また、この霊性の働きは東西の宗教であるキリスト教と仏教では、その機能においては共通であっても、その発現形態では相違が見られる。もちろんその発現形態においても確かに相当な開きがあって、双方から歩み寄って妥協できるものではないとも考えられる。しかし、その対立は絶対に相容れない矛盾的な対立、つまり矛盾対立ではなく、かなりの共通項を有する対立、つまり「差異」であるように思われる。

確かに仏教とキリスト教はともに歴史的に成立した実定的な宗教であるかぎり、教義に関しては両者の対立は簡単には解消できる性質のものではない。しかし教義を信じる主体の機能面に関しては、相互に学び会うことによって信仰のいっそうの発展に寄与できるのではなかろうか。一般的な理解によればキリスト教と仏教との思想上の対立は神を信じる人格的宗教と悟りを獲ることをめざす知的な宗教との相違にあると考えられており、それは東西宗教の間に横たわる克服しがたい深淵的な対立とみなされる。確かにこの溝は深いのであるが、霊性に具わる情緒的側面と知性的側面の考察を通して両者の比較が可能である。実はキリスト教の中にもこの二つの側面が含まれており、ディオニシオス・アレオパギテースとアウグスティヌス、エックハルトとルター、カントとシュライアマッハー、ヘーゲルとキルケゴールなどの思想的な対立を通して考察することができる。また仏教においても禅宗と浄土教の思想的な対立を通して解明することができるのではなかろうか。

わたしは２０１２年に『キリスト教霊性思想史』を出版したとき、その「あとがき」に次のように書いた。「この書はヨーロッパのキリスト教思想史を主として扱ってきたので、キリシタン以来の我が国のキリスト教史の研究が全く欠けています。この分野では門外漢なわたしはその研究にためらいを感じますが、〈東西の霊性思想〉というかたちで霊性史の研究を継続しています。しかし傘寿を超えた現在、加齢のためその研究を完成させるのはきわめて困難ですが、この分野でその他の方々の研究もやがて実ることに期待を寄せています」と。この期待は今でも少しも変わっていないが、わたしの健康は年とともに衰えていくばかりであり、事実何度も入退院を繰り返すようになったので、これまで学んだものをエッセイ（試論）という形でまとめることにした。本書が少しでもこの分野での研究に役立つことを、少なくとも促進することを願っている。

東西の霊性思想――キリスト教と日本仏教との対話―― 目次

第3章　キリスト教における霊性の特質――汎神論と人格主義　78

第1章　東西の宗教思想における霊性の展開

はじめに

わたしたちはヨーロッパ思想のかたちをヨーロッパ文化がもっている最大の特徴と思想内容から考えてみなければならない。この文化はそれを全体としてみるならば、キリスト教とギリシア文化の総合として生まれてきており、それを実現した主体はゲルマン民族であった（歴史家ドーソン C. H. Dawson, 1889 - 1970 は、ギリシア・ローマの古典文化、キリスト教、ゲルマン民族という三つの要素の融合によりヨーロッパが文化的生命体として形成されたことを強調している）。その際、ヨーロッパ文化がギリシア的な「理性」とキリスト教的な「霊性」との総合から成立していることは自明のことに思われるとしても、きわめて重要な契機である。

日本語の「霊魂」が「霊」と「魂」の合成語であるように、「魂」という実体には「霊」の働きも含まれる。ところがヨーロッパ文化はギリシア文化とキリスト教との総合として形成されたので、自然本性的な「霊・魂・身体」の三分法がヨーロッパ思想で大きな役割を演じたのみならず、宗教的な神関係に立つ「霊と肉」が加わり、「霊」の意味内容が一般的な意味での「精神」と区別された独自の内容をもつようになった。

今日では「霊」(spirit)や「霊性」(spirituality)という言葉が鈴木大拙の『日本的霊性』によって日本語としても定着しつつあるが、ヨーロッパ語でも一般には明確には確定されていない。もちろんヨーロッパ思想史ではキリスト教によって「霊」と「霊性」とが明瞭に説かれてはいても、総じて「心」・「心情」・「良心」などがその代用となっていた。

これまで日本では明治以来、ヨーロッパ文化は近代化や合理化の典型として賛美され、模倣されてきた。それゆえヨーロッパを学ぶことは、ルネサンス以降の近代化と合理化を学ぶことであった。しかし近代化や合理化の起こした弊害が大きいのも確かで、現在、手放しでヨーロッパを賛美する人はいない。けれども中世からの流れを追ってみると、近代化や合理化はヨーロッパ文化のほんの一側面であって、ギリシア文明の「知性」とキリスト教の「霊性」の融合したヨーロッパ文化は、その他にも素晴らしい卓越した要素をもっている。ところが日本におけるこれまでのヨーロッパ思想の受容は生命の根源である霊性を除いた、亡霊となった屍を有り難く採り入れたにすぎなかった。したがってヨーロッパ思想の生命源である霊性を学び直すことは今日きわめて重要である。

日本人の霊性について

そこでまず日本人の霊性理解について考えてみたい。最近ではよく知られるようになった鈴木大拙の『日本的霊性』が最も先駆的な業績なので、ここからわたしたちは考察をはじめたい。大拙の説く「日本的霊性」は鎌倉仏教において創造され、日本的な宗教性の伝統を形成した。彼は霊性の普遍性と特殊性について次のように言う。

霊性は普遍性をもっていて、どこの民族に限られたというわけのものでないことがわかる。漢民族の霊性もヨーロッパ諸民族の霊性も日本民族の霊性も、霊性である限り、変わったものであってはならぬ。しかし霊性の目覚めから、それが精神活動の諸事象の上に現われる様式には、各民族に相異するものがある、即ち日本的霊性なるものが話され得るのである（鈴木大拙『日本的霊性』岩波文庫、20頁)。

確かにこのように霊性を分けることができるであろう。その際、彼は宗教の大地性を強調する。「霊性の奥の院は、実に大地の座に在る。……それゆえ宗教は、親しく大地の上に起臥する人間、即ち農民の中から出るときに、最も真実性をもつ」(前掲書同頁)。こうして彼は日本的霊性の特質を越後の農民の間にあって大地的霊性を経験した親鸞の『歎異抄』から解明してゆく。ところでこの大拙の書の「緒言」には霊性の定義が次のように与えられている。

精神または心を物〔物質〕に対峙させた考えの中では、精神を物質に入れ、物質を精神に入れることができない。精神と物質との奥に、今一つ何かを見なければならぬのである。二つのものが対峙する限り、矛盾・闘争・相克・相殺などいうことは免れない。それでは人間はどうしても生きて行くわけにいかない。なにか二つのものを包んで、二つのものが畢竟《ひっきょう》するに二つでなくて一つであり、また一つであってそのまま二つであるということを見るものがなくてはならぬ。これが霊性である。……いわば、精神と物質の世界の裏に今一つの世界が開けて、前者と後者とが、たがいに矛盾しながら、しかも映発するようにならねばならぬのである。これは霊性的直覚または自覚によりて可能となる。霊性を宗教的意識といってよい。……霊性の直覚力は精神のよりも高次元のものであるといってよい。それから精神の意志力は霊性に裏付けられていることによって初めて自我を超越したものになる。

(鈴木大拙、前掲書16—18頁)

ここには日本的な霊性についての優れた見解が示されているが、わたしはここで晩年の西田幾多郎がこの霊性をどのように受け止めていたかについて触れておきたい。大拙の書物が出た翌年、西田は『場所的論理と宗教的世界観』（1946年）の中でこの霊性を「心の根底」として捉えて、次のように語った。

我々の自己の根底には、どこまでも意識的自己を越えたものがあるのである。これは我々の自己の自覚的事実である。自己自身の自覚の事実について、深く反省する人は、何人もここに気附かなければならない。鈴木大拙はこれを霊性という（日本的霊性）。しかして精神の意志の力は、霊性に裏附けられることによって、自己を超越するといっている。……宗教心というのは、何人の心の底にもある。しかも多くの人はこれに気附かない。……宗教的信仰とは、客観的事実でなければならない、我々の自己に絶対の事実でなければならない、大拙のいわゆる霊性の事実であるのである。我々の自己の底にはどこまでも自己を越えたものがある、しかもそれは単に自己に他なるものではない、自己の外にあるではない。そこに我々の自己の自己矛盾がある。ここに、我々は自己の在処に迷う。しかも我々の自己がどこまでも矛盾的自己同一的に、真の自己自身を見出すところに、宗教的信仰というものが成立するのである。故にそれを主観的には安心といい、客観的には救済という（西田幾多郎「場所的論理と宗教的世界観」『自覚について』所収、岩波文庫、34―49頁)。

西田は霊性を「心の根底」という客観的事実として捉え、そこに宗教的な超越と「矛盾的自己同一」もしくは「逆対応」の事実が見られる点を指摘した(本書の23、124、192、220、240頁等参照)。このように大拙も西田も、精神と物質の二元論を超克するのが両者の根底にある作用、つまり霊の作用である、と説いている。ここには「精神・自然もしくは物質・霊」の三分法が存在する。同じことはキリスト教の歴史においても「霊・魂・身体」の三分法が聖書以来今日まで説き続けられている(詳しくは金子晴勇『ヨーロッパ人間学の歴史』知泉書館、2008年と『現代ヨーロッパの人間学』知泉書館、2010年を参照)。

さらに西谷啓治は西田の思想を受け継ぎながらニヒリズムの強い影響のもとに意識を超えた存在の根底を虚無においてとらえ、次のように言う。

意識の場は、自己といふ存在と事物といふ存在との係はりの場であり、要するに存在だけの場、存在の根底にある虚無が覆ひ隠されてゐる場である。そこでは自己も、一種の客観化を受け、「存在」として捉へられる。併しその意識の場、存在だけの場を破って、その根抵なる虚無に立つ時、自己は初めて客観化を受けぬ主体性に達し得る。それは自己意識よりも一層根源的な自覚である（西谷啓治『宗教とは何か』創文社、1961年、22―23頁）。

このように霊性が理解されているが、そこには仏教とキリスト教では相違点も明瞭であって、キリスト教は根源的聖者イエスもしくはその使徒たちとの時空を超えた人格的な触れ合いを通して聖なるものを霊性が感得するのに対し、仏教では悟りが中心であるため知的な直観によって自然を超えた聖なる法を捉えることがめざされる。そこから霊性の人格的情緒的側面と知性的直観的側面との相違があきらかになる。したがってキリスト教の霊性理解は人格的な特質にあると認めることができる。

ヨーロッパの人間学における霊性の特質

このようにヨーロッパ的「霊性」（spirituality）の人格的特質がキリスト教に由来するものであり、人間学的に捉えた三分法（霊・魂・身体）と心性の三段階（感性・理性・霊性）として歴史的に発展してきたことをここで想起したい。昔から心の作用は三つに分けて考えられている。第一に感性（感覚的対象の感受作用と印象の形成）が、第二に理性（感覚的データを判断し知識を造る作用つまり判断力と推理力）が、第三に霊性（感覚的世界を超越し、法則的思想世界をも超えて永遠者を捉える作用）

が、それぞれ人間に生まれながら備わっていると一般的に考えられている。その中でルターの理解が優れており、次のように言われる。

第一の部分である霊（Geist）は人間の最高、最深、最質の部分であり、人間はこれにより理解しがたく、目に見えない永遠の事物を把握することができる。そして短くいえば、それは家（Haus）であり、そこに信仰と神の言葉が内住する。

第二の部分である魂（seele）は自然本性によればまさに同じ霊であるが、他なる働きのうちにある。すなわち魂が身体を生けるものとなし、身体をとおして活動する働きのうちにある。……そしてその技術は理解しがたい事物を把捉することではなく、理性（vornunfft）が認識し推量しうるものを把握することである。したがって、ここでは理性がこの家の光である。そして霊がより高い光である信仰によって照明し、この理性の光を統制しないならば、理性は誤謬なしにあることは決してありえない。なぜなら理性は神的事物を扱うには余りに無力であるから。……

第三の部分は身体（leip）であり、四肢を備えている。身体の働きは、魂が認識し、霊が信じるものにしたがって実行し適用するにある」（WA. 7, 550, 28ff. ドイツ語は原典のまま）。

このような人間学的な区分法から見ると、「霊」が最上位に位置しており、理性と感性とがその下位に立つ三段階の図式が一般に認められている。このように霊を理性よりも高いものであると位置づけることは、エックハルトに始まっている。彼はそれを言い表すためにさまざまな用語を使ったが、やがて Grund という言葉に絞られてくる。それは魂の深部にある働きで、「魂の根底」(Seelengrund) とも言われた。この概念を中心にして思想を新たに展開していったのがエックハルトの弟子のタウラーであり、このタウラーからルターは大きな影響を受けた。

ところがルターの『キリスト者の自由』では信仰によるキリストと魂の関係が人格主義的に把握されており、しかもその関係が「逆対応」として次のように語られた。「このように富裕な高貴な義なる花婿キリストが貧しい卑しい娼婦を娶って、あらゆる悪からこれを解放し、あらゆる善きものをもってこれを飾りたもうとしたら、それは何とすばらしい取引ではないか」(WA7, 26, 4ff.)。ここでの「義なる花婿」と「卑しい娼婦の花嫁」との結合関係は、完全に「逆対応」となっている。なぜなら神と人との結合は花婿と花嫁との結婚のように一般には類似性によって成立しているのに、ここでは義人と娼婦といった非類似の関係に立っているからである。それに反し15世紀の神秘主義者ジェルソンによると「神が霊であり、類似が合一の原因であるがゆえに、清められ洗われた理性的な霊がどうして神の霊と合一するかは明らかである。なぜなら、神に似たものにされることは確かであるから」と説かれた。一般的には義なるキリストを清い魂とが類似性のゆえに合一すると考えられる。それに対しルターはこの対応関係を「逆対応」の関係として捉えた。

さらに重要な点はヨーロッパ思想では霊が単独に理性や感性と切り離して論じることが避けられてきたことである。というのは宗教改革時代の霊性主義者たちのように霊性だけに立脚すると、過激な思想に走って、社会に混乱を起こしやすいからである。それゆえヨーロッパ思想では霊性は一般に人間学の三分法のなかで使用された。

したがってヨーロッパ思想史ではキリスト教の介入によって心身の総合としての「霊」(spirit)と「霊性」(spirituality)が強調され、「霊(spiritus)・魂(anima)・身体(corpus)」という三分法の伝統が形成された。この三分法はパウロの言葉「あなたがたの霊も魂も体も何一つ欠けることのないように」(第一テサロニケ5・21)に由来しており(「どうか、平和の神ご自身が、あなたがたを全くきよめて下さるように。また、あなたがたの霊と心とからだとを完全に守って、……責められるところのない者にして下さるように。」23節、口語訳)、ギリシア的な心身の二区分にキリスト教的な「霊」が加えられて、オリゲネス以来説かれてきた。またプラトン主義の影響を受けたアウグスティヌスも心身の二元論とは別に霊性を説いた。この三分法は16世紀の人文主義者エラスムスによって「オリゲネス的な区分」として使われるようになり、聖書学者であったルターでも同じ三分法が聖書から直接に継承された。さらにキルケゴールがこれを独自の思想的な視点から発展させている。

霊性の機能

「霊」および「霊性」はさまざまな観点から考察することができる。最近シェルドレイクが『キリスト教霊性の歴史』（２０１０年）で試みたように、その多様な形態を概観するだけでも厖大な資料を参照しなければならない。しかし、わたしは多様に展開する形態の中に同一の作用が認識されるうると考え、霊性思想の歴史的展開の中に同一の機能を把握できると考えるようになった。それが霊性機能の歴史的研究である。その機能の中で感得作用と超越作用および媒介作用について典型的事例に則して紹介してみよう。

（1）感得作用と受容機能

感得作用とは単なる外的な感覚ではなく、心の奥深く感じとることをいう。それはパスカルが心情の直観について次のように明瞭に語っている事実である。「われわれが真理を知るのは、理性によるだけでなく、また心情によってである。われわれが第一原理を知るのは、後者によるのである。……原理は直感され、命題は結論される。……それだから、神から心情の直感によって宗教を与えられた者は、非常に幸福である」（パスカル『パンセ』L110, B282 前田・由木訳、世界の名著、

182頁)。この心情の直観は宗教の真理を認識する際に重要な働きをする。「神を直感するのは心であって、理性ではない。信仰とはそういうものなのだ。理性ではなく、心に感じられる神 (Dieu sendible au coeur)」(前掲訳書 L424, B278. 181頁) と言われるように、心情の直観は思惟 (pense) でありながら、神を愛する傾倒なのである。したがって心情の直観は「信仰の目」とも呼ばれる。それゆえパスカルの真理認識の方法は、理性を否定して、その廃絶の上に信仰を立てようとするのではない。理性は幾何学のような確実な論証しか遂行しえないが、「理性の最後の歩みは、理性を超えるものが無限にあるということを認めることにある」(前掲訳書 L188, B267, 179頁) とあるように、謙虚に自己の本分に立ち返っている。この理性は現実を認知する働きをもっており、論理的理性に代わる「現実の理性 (理由)」(raison des effets) と呼ばれる (この現実が与えている理由は、論理的理性にとってどのように不可解に映じていても、真であり、事実に合致しており、事実の理由から説かれる。聖書の啓示はこのような事実に立っているが、人間的実存の現実にもこのような理由が多く認められる)。謙虚になった霊は神に対し徹底的な受容機能を発揮する。ルターは言う、「神の活動はわたしたちの受容である」(Actio Dei est passio nostra. WA 57, 31, 19) と。

(2) 超越作用

次に霊性の機能には内的な感得作用だけでなく、自己を超えて神に向かう運動が見いだされる。

典型的な事例をアウグスティヌスの「内面性の命法」から採り上げてみたい。それは聖なるもの（神）へ向かって超越することをめざし、外的な感覚から自己の内面たる「精神への超越」と精神を超える聖なる「神への超越」との二重の運動から成立する。まず、自己の内面への超越は「外に出ていこうとするな。汝自身に帰れ。内的人間の内に真理は宿っている」という言葉で示される。これは後に「離脱」（excessus）と呼ばれるようになる。「外に」とは自己の面前に広がっている世界の全体である。世界の外的現象は感覚を通して知覚の対象となっている。だが感覚ほど人を欺くものはない。感覚ではなく理性の作用によってこそ世界は認識される。そこで理性はその認識対象である真理が宿っている、精神の領域に立ち返らなければならない。これが第一の命法の説いているところである。ところが、人間の精神は残念ながら有限で、誤謬を犯すことを免れない。そこで第二命法が第一のそれに続いて「そしてもし汝の本性が可変的であるのを見いだすなら、汝自身を超越せよ」（アウグスティヌス『真の宗教』39、72）と告げられる。この場合の「汝」というのは「理性的魂」（ratiocinans anima）を指しており、それを超えていく上位の機能は「知性」（intellectus）もしくは「直観知」（intelligentia）と呼ばれる。これらの認識機能は永遠の理念のような超自然的な対象に向かうがゆえに、理性をも超越しており、宗教的には霊性を意味している。ここに霊性の機能が「外から内へ、内から上へ」という二重の超越の道となっている。

(3) 媒介機能（心身の統合としての霊の作用）

「霊・魂・身体」の三分法の中で霊は魂と身体という心身を統合する媒介機能をもっている。キルケゴールがこの点をもっとも明らかに説いた。それは彼の「精神」の定義に示される。彼は『死にいたる病』で人間的な精神を「関係としての自己」として捉え、次のように述べた。「人間は精神である。しかし、精神とは何であるか。精神とは自己である。しかし、自己とは何であるか。自己とは、ひとつの関係、その関係それ自身に関係する関係である」（キルケゴール『死にいたる病』桝田啓三郎訳、世界の名著「キルケゴール」435頁）。このように精神は関係する行為主体であって、自己に関係しながら他者に「関係する」、つまり態度決定すると語られる。しかもキルケゴールの人間学的前提からすると、人間は身体と魂の総合として精神である。この「精神」こそ「自己」として語られているものであるが、精神が自己の内なる関係において不均衡に陥ると、絶望と苦悩の状態が生じる。その際、精神は身体と魂に対して総合する第三者であるが、このような関係に精神を置いた永遠者、つまり神との関係において、絶望を克服することが可能となる。この「精神」（Geist）は「霊」とも訳すことができる。精神は水平的な自己内関係と垂直的な神関係を内蔵するので、動的で質的に飛躍する「信仰」を起こすことができる。こういう精神こそキルケゴールの霊性を意味する。なお彼は人間学的三区分法について言及し「人間はだれでも、精神たるべき素質をもって造られた心身の総合である」と言う。ここに精神である霊の機能が、心身を媒介する機能であることが判明する。

心身の統合としての霊の作用はヨーロッパの思想史を通して確認できる。それはプラトンからヘーゲルに至る理性的な哲学の普遍思考の中にも、キリスト教信仰の中にも多様な仕方で現われている（詳しくは金子晴勇『人間学講義』知泉書館、127―131頁参照）。一般的に言って理性的な精神は身体に比べると無力であり、パトス的な情念の反発を引き起こすが、そのような場合でも心身を統合する霊には自己を超えた力によって統合を混乱させたり、回復させたりすることができる。だが問題なのはこの統合作用が全く無視されたり、弱められたり、あたかもないかのように隠蔽されたりする場合に起こる事態である。この事態はたとえばヨーロッパの場合には最高価値（神と聖価値）の否定として無神論とニヒリズムが発生し、それが世界観として定着すると、世紀の病として猛威をふるうようになる。

（4）霊性と愛の関係

ヨーロッパの霊性思想では霊性の機能は他者に積極的に働きかける愛によって表出される。一般的にいって、神秘的な霊性に生きる者は内面性を強調しながらも、同時に隣人・社会・政治に対し積極的に関与し、外的な実践活動に携わっている。この点で東洋的な静寂主義とは基本的に相違する。ベルナール、フランチェスコ、ボナヴェントゥラ、エックハルト、タウラー、ジェルソンなどがそのよい例であって、ルターと激しく対決したミュンツァーや霊性主義者たちもこの系列に属する。ここで一般的に霊性について言えることは「内面に深まることが同時に外に向かって活動する実践を生み出す」、つまり霊性の深化が力強い実践への原動力となっていることである(金子晴勇『エラスムスとルター――十六世紀宗教改革の2つの道』聖学院大学出版部、207頁以下を参照)。

比較宗教学者ワッハがあげた真正な宗教経験の特質の一つには「真正の宗教的経験の第四の基準はそれが行為に駆り立てるということである」とあって(J. Wach, Vergleichende Religionsforschung, 1962, S. 55-61)、霊性と社会的実践との関連が重要な意味をもっている。またウィリアム・ジェイムズによると「わたしたちの実践的態度こそ自分が本当のキリスト者であることの唯一確実な証明であり、それはまたわたしたち自身にとっても妥当する」(W・ジェイムズ『宗教的経験の諸相』上、枡田啓三郎訳、岩波文庫、38頁)。したがって、わたしたちの霊的な経験が行為になっていく度合いが霊性の度合いを示すことになる。東洋と西洋およびヨーロッパとアメリカとの間で、また伝統主義者と進歩主義者との間で、宗教的行為に関し消極的であるべきかそれとも積極的であるべきかと論議が交わされたが、現代のすぐれたヒンズー教徒であるラダクリシュナンは、カースト制度の下ではこれまでのヒンズー教が社会的行動と社会的関係の改善に関して不十分であったことを指摘している(Radhakrishnan, Easten Religion and Western Thought, 1939, pp. 1-34 参照)。キリスト教においては「マリアとマルタ」姉妹の物語によって信仰と行為との関係が論じられているが、一般的にいって宗教は先ず自己が「どう在るべきか」という存在の問題に集中し、次に「何をなすべきか」という倫理の問題に関心を寄せるといえよう。したがってエックハルトでも強調されているように「マリヤ〔信仰者〕は成熟してマリヤとなるためにはマルタ〔奉仕者〕とならなければならない」(「エックハルト説教集」植田兼義訳、「キリスト教神秘主義著作集7　エックハルトII」教文館、143頁)といえよう。

これまで語ってきた「霊性」は超越的な存在である神を捉える働きであったが、実はそれに優って「愛のわざ」の実践活動となる。パウロがコリントの信徒への第一の手紙で「霊的な賜物」について論じ「知恵・知識・信仰・癒し・奇跡・預言・異言」について述べてから「もっと大きな賜物」また「最高の道」として「愛のわざ」を指摘した(第13章参照)。その中でも「愛は自分の利益を求めない」(5節)という点に注目したい。というのはキリスト教の霊性の特質は実にこのような自己愛を否定し他者に向かう愛のわざに求めることができるからである。この愛は人間に由来する愛でありながら、同時に神の愛によって活かされる。そこには愛の動向転換が認められる(この点に関してはアウグスティヌスのカリタス説が典型となっている。金子晴勇『愛の思想史』知泉書館、46頁参照)。

信仰は愛のわざに結実する。換言すると霊は身体の運動を通して可視化される。今日プロテスタント教会に求められている最大の使命は「霊性の可視化」である。見えない霊が身体を通して見えるものとなる。ルターは先の引用文の終わりで「第三の部分は身体であり、四肢を備えている。身体の働きは、魂が認識し、霊が信じるものにしたがって実行し適用するにある」と言う（本書22頁）。からだが「四肢」（membrum）を備えているとは共同体における活動を意味しており、他者に積極的に働きかけることを意味する。そのようにして「霊」は共同体に関わりながら、自己の生命を可視化する。パウロは「愛の実践を伴う信仰こそ大切です」（ガラテヤ5・6）と語って、信仰が人間的な愛の関係を通して活動する実践を説いた。これが「霊と身体」をもつ人間の生き方である。

したがってパウロの言葉「自分の利益を求めない」という愛はルターによって「自己のために生きない」と言い替えられる。これに反して近代的な主体性が自己主張欲に変質すること、つまり世俗主義に変質することによって、宗教を社会から締め出す世俗化現象を引き起こしたのであった。

ルターは真の自由をこのような自己中心的な罪の主体からの解放とみて、「もはや自己のために生きない」と先に語ったのである。信仰はこのような自己中心的な自己からの解放であって、自己を超えて高く飛翔し、神にまで昇り、さらにその高みである神から隣人にまで降り、隣人のあいだで働くため、キリスト者は他者との共同の生を志す実践的主体となっている。こういう自由を彼は「あたかも天が高く地を超えているように、高くあらゆる他の自由に優っている自由」と呼んだ。それは力の満ち溢れた愛となって働くのである。この自由の高みから愛が低いところをめざして降りてゆく落差こそ信仰の燃えるエネルギーであり、ここに新しい創造的な形成力が与えられる。この霊性の創造作用にこそ今日を生きるキリスト者の真の姿を把握することができる。宗教の力はその生命力にある。信仰の生命源は理性的に理解される知識や教義よりも、信仰する心の深部に認められる。したがって宗教的な知識よりも、その活動的な霊や霊性に求めるべきである。それは概念化できないため、非明示的であるが、身体を通して可視化されることができる。

心身の統合機能である霊性の今日的な意義

わたしたちは先に論じた心身を媒介して統合する霊性の作用を今日とくに強調すべきである。一般的に言って理性的な精神は身体に比べると無力であり、パトス的な情念の反発を引き起こし、混乱と不調和に陥り、統合失調を来すことが多く見られるからである。実際、受動的な機能である霊には元来自己を超えた力によって統合を混乱させられたり、またその反対に統合を回復させたりすることが起こる。問題はこの統合作用が全く無視されたり、弱められたり、あたかも無いかのように隠蔽されたりする場合に起こる事態である。この事態はたとえばヨーロッパの場合には最高価値（神と聖価値）の否定として無神論とニヒリズムが発生し、世界観として定着すると、今日、世紀の病として猛威をふるうようになった。

その際、わたしたちはこの霊性の統合作用、したがって心身を霊によって媒介する作用を医学的人間学から明らかにすることができる。そこで身体・魂・霊という人間学的三分法を好んで説いたフランクルとヴァイツゼッカーの医学的人間学をとりあげてみたい。

ウィーンの精神医学者フランクル（Viktor Emil Frankl, 1905-1997）は、人生の意味を問う実存分析を医学療法で提唱し、無意識のなかにひそむ「精神的なもの」を重視するロゴテラピーという治療法を開発した（フランクル『精神医学的人間像』宮本忠雄、小田 晋訳、著作集6、みすず書房、129頁参照）。彼によれば人間は価値の実現をめざす「意味への意志」をもつ存在である。この意志によって価値が実現される。人間は自らの人生を意味によって満たす存在であって、生きる意味を求める。それゆえ、それが阻止されるとき、人間は欲求不満に陥り、病む者となる。

彼はヨーロッパ人間学の伝統的な三分法を重要視する。それは人間に備わっている心身関係を精神的なものから切り離すことはできないからである。この心身と精神との関連について彼は次のように主張した。


人間というのは、身体と心と精神との三つの存在層の交点、それらの交叉点であるということになります。この三つの存在層はそれぞれどのように明確に区別しても明確すぎるということはありません。……しかしこの統一体、この全体の内部で、人間の中にある精神的なものが、人間に付随している身体的なものや心的なものと「対決して」いるのです。こうして成立している関係が、私がかつて精神と心の結抗関係（der noo-psychische Antagonismus）と名づけたものなのです。心身の並行関係が絶対的なものであるのに対して、精神と心との拮抗関係は随意的なものです。……外見のみはきわめて強大なものにみえる心身に対して「精神の抵抗力」を喚起すること、これがつねにかわることなく大切なのです（フランクル『識られざる神』佐野利勝、木村 敏訳、著作集7、みすず書房、172―173頁）。

人間は、一方では遺伝や環境などの心身的な「事実性」によって制約されているが、他方では本来的にそうした「事実性を超えて」跳躍する自由な「制約されざる」ものである。それは「精神」のゆえに実現できるというのがフランクルの主張である。人間とは心身を統一する精神であって、それゆえに自由意志をもって自己実現できる存在である。このことが彼の医学的人間学の中心思想として論究された（「彼は言う、〈皆さん、私は、臨床医として、真の人間像を証言しようと試みてきました。私は、制約されているだけではなく、無制約でもある人間、身体的存在や心的存在である以上の人間、精神的で自由で責任ある人間について証言しようと試みてきたのであります〉と」フランクル前掲訳書、252頁）。

精神としての人間は人格であって、良心を通して神との関係を維持する。彼は言う、「人間が人格であるというのもやはりただ、彼が超越者によって人格たらしめられている、つまり超越者からの呼びかけが彼に鳴りわたり響きわたる（personare）、その範囲内においてのみなのです。人間は良心においてこの超越者からの呼びかけを聴き取ります。良心は超越者がみずからの来訪を告げる場所なのです」（フランクル、前掲訳書175頁）と。こういう良心の場所は霊性の機能においても認められる。なぜならこの霊性は宗教的な良心と同様に神との関係の中で超越するという特質をもっているから。「良心は、固有の心理学的事実として、すでに自分から超越性を指示しているのです。良心の超越的性格はわれわれ人間を、そしてとりわけその人格性一般をはじめより深い意味で理解させてくれます。なぜなら、人間的人格の良心をとおして人間外の審級が反響してくるからです」（フランクル『精神医学的人間像』宮本忠雄、小田晋訳、著作集6、みすず書房、88―89頁）。したがって良心は神と人間との関係を保つ場であって、霊性の機能を併せもっていることになる。

（2）ヴィクトール・フォン・ヴァイツゼッカー（Victor von Weizsäcker, 1886-1957）は『医学的人間学の根本問題』のなかで、デカルト的心身二元論から離れて、生ける人格の本質を、「反論理的なるもの」、「パトス的なるもの」、「交渉」などのカテゴリーによって捉えようと試みた。人間の現実はここでは自己と環境との不断の対決、常に新たにされる自己と環境との出合い、自己と環境との流動的な交渉に求められる。しかもこの交渉の挫折から生ける人間の反論理が語られる。人格は理性、自由、自己存在という古いカテゴリーによってではなく、出会い・出来事・確証・責任によって規定される。また「交渉」のカテゴリーを現実の人間の根本規定とすることによって彼はデカルト的主観性を克服した（ヴァイツゼッカー「医学的人間学の根本問題」、『医学的人間学とは何か？』青木 茂、滝口直彦訳、知泉書館参照）。ここに人間は他者との出会いと対話を通して心身相関の多様性から捉えられるようになった。

彼は『病因論研究』で心身相関の医学を追究し、心で体験し精神で意識したことの意味を身体的事象の側から開示することが、可能でもあり必要でもある点を反省する。そこで彼は器質身体的な事態（感染と炎症、組織中の水分の病的な動き、心拍の調節障害、筋肉の協調運動の調節異常など）の考察と並んで心因性を追求し、専門別の医学ではない総合の医学を探究する。その際、ヨーロッパにおけるキリスト教人間学の三区分法（彼の言葉で言うなら「身体・心・精神という組合せ」）を語ると、ややもすると抽象的思考に落ち込み、哲学的に問題を整理するということになりかねないかもしれない。それでも彼は伝統的な病理学の発展から自然に出てくる問題設定に向かう。「われわれにとってもっとも重要だと思われたのはむしろ、病歴（病気の歴史）を記述する特定の仕方であった。病歴のもっている価値と地位は、自然科学で実験的、あるいは体系的な観察が占めている価値や地位に対応している。この実証的な素材を出発点にして、そこからさまざまな帰結や新しい問いを導くことができる」（ヴァイツゼッカー『病因論研究――心身相関の医学』木村 敏、大原貢訳、講談社学術文庫、146―147頁)。ここから彼は独特の仕方で類型的に反復して出現する事態を観察できるものを生活史上の危機（Krise）という転回点から捉えようとする。この生活史というドラマから次のことが説かれた。

病気と症状は心的な努力目標、道徳的な立場の設定、精神的な力などといった価値をおびていること、それによって生活史が、人格を構成している身体・心・精神の各部分に共通の基盤のようなものとして成立していることなどもわかってきた。次いでわれわれは……生のドラマに内在する必然的な構造のようなものを見出した。経過と形式が示すこのような構造秩序を把握した上で、そこではじめてその下部構造の諸部分を個々に規定することも可能になる。正反両方向の力、緊張、転機的な転回と交換、外部からの因果的条件と内部の主体的因果性、破滅と保存の関係、断念による調停、別の実存様式への変化、個人的次元と超個人的次元のあいだの動きなどの個別的な規定が可能になってくる（ヴァイツゼッカー、前掲訳書、147頁)。

このような生活史的方法というのは説明ではなく、ものを観察する知覚の一種であって、心身相関の問題を説明するための基本的なカテゴリーの導入を意味する。ここから観察者の主体を導入する新しいパラダイム（共有された問題の解き方）の転換が遂行されたが、そうはいっても何らかの概念的規定なしに済ませるものでもないと彼は考える。ここで言う「概念規定」というのは引用にある「身体・心・精神」という人間学的三分法である。しかし彼は医者としてそれを示唆するにとどめている。それでも三分法の意義が指摘されていることを看過すべきではない。

偶像化作用＝「ものの虜となる」

こうした霊性の媒介機能が医学でも重要な意味をもっているが、病気に罹ってはいない一般的な日常生活の中にも、生活に変調を引き起こす現象をマックス・シェーラーが指摘する。それは彼の説く「ものの虜となる」という現象によって解明することができる。

彼はまず霊の作用（霊性）を宗教的作用として把握し、それは神の啓示を受容するときの心の働きであって、信仰によって啓示内容を受容する作用であると説く。すべての人はこの宗教的な作用をもっており、これによって人間は永遠者へと引き寄せられる。このような内的な作用を満たすものは永遠なる神であるのに、そこに間違って有限なものが闖入すると、それは「偶像」となる。とくに「有限的な財」に絶対的な信頼を寄せると、「財の偶像化」が起こり、「人間は自分の作った偶像に魔法にかかったように縛りつけられ、それを〈あたかも〉神であるかのごとくもてなす。このような財をもつかもたぬかという選択は成り立たない。成り立つのはただ、自分の絶対領域に神を、すなわち宗教的作用にふさわしい財をもつか、それとも偶像をもつか、という選択だけである」（『人間における永遠なもの』亀井裕他訳「シェーラー著作集7」白水社、281頁）。この偶像には金銭・国家・無限の知識・女性などがあげられる。有限的なものが絶対的領域に侵入することは「偶像化」の発端であり、昔の神秘家の言葉によってそれは「ものの虜となる」（vergaffen）といわれた。

この「ものの虜となる」という現象こそ心身の総合である霊性にさまざまな影響を及ぼし、心身相関に変調や転調をもたらすと思われる。その際、心身の総合である霊性が変質して、何か亡霊のような働きを生じさる。本来は永遠者なる神に向かってゆくべき霊性が、間違って有限な財に捕われている状態こそ「亡霊」つまり「死んだも同然の霊」（spiritus mortuum）にほかならない。このようにさ迷い出た霊はわたしたちにさまざまな悪影響を及ぼし、心身相関に変調や転調をもたらすのではなかろうか。たとえば「有限な財」を絶対視するとマモン（財神）が猛威をふるって拝金主義者となり、異性や政治を絶対視すると、アフロディテ（愛欲神）やリビドー・ドミナンディ（支配欲）などのデーモンが荒れ狂うことにもなる。

「出世主義者」と「高貴な人」

心身に変調をきたすもう一つの例として「出世主義者」(Streber)をあげることができる。そこには通常競争原理しか見られない。シェーラーによると「出世主義者」というのは単に権力・富・名誉などを追求する人を言うのではなく、他人と比較して自分がより優っている、より価値があることを努力目標とし、それをあらゆる価値に優先させる人のことである。つまり「こうした種類の〔他人との〕比較において生じる〈より劣っている〉という抑圧的な感情を解消させるために」どんな事象でも無差別に利用する人である(シェーラー『ルサンティマン：愛憎の現象学と文化病理学』津田 淳訳、北望社、24頁)。こうした人間類型は身分が固定されていた古代や中世には現われず、自由な競争体系からなる近代社会において顕著に現われる。そこでは自他の価値が絶えず比較され、今日の競争社会に通弊となっているように、常に他人を凌駕することが人生の目標であり課題となる。彼は卑俗な人である。

それに対し心身に変調を起こさない例として「高貴な人」があげられる。その特徴は自他の比較を行なう前に自己価値についての素朴な意識があり、「それはあたかも自立的に宇宙に根を下ろしているというような自己充実感の意識なのである」(シェーラー、前掲訳書、22頁)と言われる。つまり比較される両者が比較されるに先だって独特な仕方で自己価値を自覚する場合である。この引用文にある「宇宙」を「神」と置き換えれば、高位な人は神の導きを信じる霊的な人である。

たとえ現代社会において競争原理なしにはわたしたちは生きられないにしても、競争原理だけでは人は生きられない。霊性の作用によって競争原理に対する抑制とバランス感覚がなければならない。同様に心身を総合する精神はその根底にある霊性において外部からの影響を絶えず受けており、心身のバランスを崩しやすい。これに対処する方法は内なる霊性を正しく導くことではなかろうか。キリスト教的な霊性作用を保持してきたヨーロッパ思想は今日においてもこのような霊性作用をわたしたちに教示しているといえよう。

第2章　東西の霊性における二類型

東西の霊性をここではヨーロッパのキリスト教と日本の仏教に限って考察すると、そこには比較が可能となるいくつかの点があるように思われる。その第一はヨーロッパでも、日本でも宗教改革を経験しているという注目すべき共通点である。16世紀のヨーロッパに宗教改革が起こり、信仰が高揚した時代を生み出し、改革者たちが宗教の根底に霊性の意義を捉えた。同様に日本の13世紀、鎌倉時代に仏教の宗教改革が起こり、宗教の刷新を生み出し、とりわけ霊性思想が明らかに説かれるようになった。

霊性は心の最内奥に宿っている「霊」の作用であるが、この作用が単に信仰の生命として自覚されるだけでなく、その作用がどのような働きをしているかが明瞭に理解されて初めてその意義が把握されるようになる。また、このような霊性の自覚が起こるためには、そこに至るまでの宗教的な理解の歩みがどのようであったかを問題にしなければならない。最初は単に示唆的でぼんやりと意識されていても、そこに霊的な発展の歩みが認められる。

なお霊性の特質が類型的に分けられ、改革者にとってそれが知性的に理解されるか、それとも情意的で捉えられるかに応じて霊性の性質は区別されるし、また形而上学的で思弁的に考察されているか、それとも人格的にして対話的に考察されているかによって類型的な区別が認められる。こうして最終的には霊性の二類型が対比的に解明されるようになる。

ヨーロッパ文化における霊性の歩み

一般的にいって霊性の歩みは教義史の根底に潜んでいて、歴史的に変化する思想の背景にある生活感情や志向に求めることができる。それゆえ理論的な著作よりも非学問的な文書のうちに表明されており、各時代の「敬虔」(pietas, Frömmigkeit) の中に霊性の特質が認められる。この敬虔は「信仰、信心、宗教心、霊性」とほぼ同義であって、宗教哲学の開祖シュライヤーマッハーの『信仰論』ではその冒頭で教義学の根底をなすものとして考察された。さらに歴史を遡ると16世紀の宗教改革者ルターに至るとそれは明瞭に説き明かされた。そこでキリスト教思想史を古代・中世・近世の三つの時代に分けて教義学の中心思想のうちに潜んでいる霊性を取りだして考察してみたい。

キリスト教古代の霊性

この時代には教義は主として神の言葉の受肉に集中していた。そこから三位一体論とキリスト論の教義が生まれた。このように受肉を中心に神学が形成された時代には永遠的なものにあずかることへの渇望が霊性的な「敬虔」を導き出している。そこには思想形成で重要な役割を果たしたプラトン主義が、キリスト教と異質であったにもかかわらず、そこに息づいていた永遠への志向のゆえに受容され、この時代に特徴的な霊性を形成した。古代教会では永遠なものに対する熱望から敬虔の類型が創造され、現世否定と神への献身の中に霊性が育成された。たとえばアウグスティヌスは霊性を永遠なる神の観想に至る準備段階として位置づけた。

中世の霊性

ヨーロッパの中世を導いた最大の勢力は修道院であった。この時代では修道の精神が霊性をつねに育んだ。アンセルムスに始まるスコラ神学やクレルヴォーのベルナールに始まる神秘主義は、いずれも修道院での祈りと瞑想の生活から生まれており、神の律法がきびしく遵守されるに応じて神の怒りが大きく感じられるようになった。その結果どうしたら神の人間に対する要求が満たされ、その怒りが和らげられるかという問いが、すべてに優る重大な問題となった。この時代の基本的な敬虔の類型はアッシジの聖フランチェスコに見られる霊性に現われており、聖人の生活は愛によって導かれた神への執り成しから成っており、ここからありとあらゆる種類の執り成しや配慮への関心が生まれた。たとえば聖者崇拝、聖遺骨や聖遺品への礼拝、聖地巡礼、聖餐における司祭の役割、祈祷のもつ執り成しの機能がこの時代の敬虔な生活に浸透していった。これらは究極的には一つの霊性の豊かな表現にほかならない。

宗教改革　16世紀の頃から神と人格的に直接対面する信仰が起こり、義認問題が神学思想の中心となった。人間の主体性の自覚がオッカム主義と「新しい敬虔」(devotio moderna)の運動を生み出し、何によって人は罪より救われ、義とされるかという問題に重大な関心が寄せられた。そこには個人において増大する罪責感情から発する苦痛と、抑圧的な教会による階層的支配体制からの脱却への願望とが認められる。宗教改革はエラスムスやルターが「新しい敬虔」によって培われた土壌から輩出してきたように、新しい霊性の類型に属している。エラスムスが儀式を退けて「それがキリストと何の関係があるか」と追求したときには、またルターが「いかにして恵みの神を見いだすことができるか」と真剣に問うたときには、一つの新しい敬虔の類型が認められる。それは神との間に置かれていた中世的な介在物を悉く排除して、直接神との人格的な関係を求める態度である。彼らはともに旧来の教会中心主義的な救済方法に疑念を懐き、それと批判的に対決し、そこから独自な敬虔の型を生み出した。ここに宗教改革者たちの霊性の特質が一般に認められる。

ここまでの霊性はきわめて質の高いものであった。だが、質が高いからこそその堕落も激しく、信仰や霊性の世俗化という現象がヨーロッパの近代以降を支配するようになった。こうして信仰の世俗化が進み、霊性は個々人の信仰生活の背景に退くようになった。このように歴史を分けてみると、そこにはキリスト教的敬虔の一般的な諸類型が見いだされる。

日本文化における霊性の歩み

ヨーロッパの霊性史と比較して日本の霊性史はどのように把握できるであろうか。この点はわたしは全く専門外であるが、多くの優れた先行研究に学びながら、とりわけ鈴木大拙の『日本的霊性』と『禅と日本文化』を参照して、日本における霊性の歩みを辿ることしかできない。先ずは一般的な特徴を指摘してみたい。それは遠く13世紀の鎌倉仏教に始まるとされているが、それ以前の仏教にも、さらに仏教の到来以前の古層においても霊性の萌芽は認められる。

万葉集の時代

たとえば日本人が昔から自然美の愛好者であったことはよく知られており、古代の日本人には深刻な宗教意識が乏しかったとしても、それでも『万葉集』などの文学作品によっても暗示的には表明されていたのではなかろうか。そこには古代の純朴な自然生活が素晴らしい言語表現によって歌われ、清く明るい心が見事に歌われている。この清明心は古くから日本人の心に宿った素朴な精神の姿を直裁に表現していた。これについて鈴木大拙は「生まれながらの人間の情緒そのままで、まったく嬰該《えいがい》性を脱却せぬといってよい。宗教学者のいう、まだ生まれ変わらぬ魂の生活である」（『日本的霊性』岩波文庫、30頁）と判断するが、果たしてそうであろうか。それは山部赤人の歌「田子の浦ゆ打出て見れば」を見れば明らかであると想われる。そこでこの有名な詩を取りあげて考察してみよう。

田児の浦ゆ　うち出でて見れば
真白にそ　不尽の高嶺に　雪は降りける
（『万葉集』巻三の三一八番）
田児の浦から山道を抜けると、真っ白に、富士山の頂上に雪が積もっていた。

この歌は確かに美しい富士山の自然描写にすぎないように考えられやすいが、その特色は「白い山頂」の発見に求めることができる。そこには旅人を襲った出来事のような驚きが表明されており、東海道の三島の宿を通過したときには見えていた富士が、愛鷹山の南に広がる沼地を歩んでいる数時間にはその影さえも見えなかったのに、突然山かげから躍り出てきたときには、大きな白い山頂があって、それが旅人に深い感動を与えたと考えられる。そこに表出される「白」は神聖な色であるから、讃美の対象となり、神秘として感得された。実に富士山は、いまでも神々《こうごう》しく美しい。上記の歌は短歌であるが、これに長歌が付いている。それは次のようなものである。

天地の　分れし時ゆ　神《かむ》さびて　高く尊き　駿河なる　富士の高嶺を　天の原　ふりさけ見れば　渡る日の　影も隠《かく》ろひ　照る月の　光も見えず　白雲も　い行き憚り　不時ぞ　雪は降りける　語り継ぎ　言ひ継ぎ行かむ　富士の高嶺は

ここには、天地が分かれたときから神さびて神々しく聳え立つ富士の高嶺に対する讃歌と呼びかけがある。さらにわたしたちは『万葉集』に収録されている他の富士讃歌をもここで参照してみたい。たとえば「高橋連晶麻呂歌集」には長歌と短歌があり、長歌には「霊しくも　在す神かも」とあり、また「人の渡るも　その山の　水の激湍《たぎち》ぞ　日の本の大倭《おほやまと》の国の　鎮めとも　在ます神かも　宝とも　なれる山かも　駿河なる　富士の高嶺は見れど飽かぬかも」ともある。その反歌は「富士の嶺を　高み畏み　天雲も　い行き憚《はばか》り　棚引くものを」と歌われた。それは雲も運行するのが、はばかれるほど高くそびえ立ち、群を抜いているとあって、ここには万葉人が富士山に「神」や「神々しさ」を感じとったことは明白である（鎌田東二『神道のスピリチュアリティ』作品社、2003年、148頁参照）。こうしてみると霊峰富士は昔から日本人の信仰心を引き起こしており、そこに霊性の喚起があったと考えることができる。

その際、死者を傷み嘆く「挽歌」の中には、悲哀と哀惜、さらに無常が歌われていても、死を超える生命への宗教的な憧れと願望は見当たらない。このような死者に対する詠嘆は美しい人情ではあっても、なお現世的であって、魂の奥からの叫びとは感じられない。だが「世間《よのなか》のしげき借蘆《かりいお》に住み住みて至らむ国のたづき知らずも」（巻十六：３８５０）と語られる「至らむ国」は涅槃の彼岸を指しているが、それでも、いまだ「色即是空」の般若の境地には到達していない。これに対して大拙は、どうしても現世否定が徹底されなければならないと次のように言う。「厭う心、求むる心――これが現世否定の道で、宗教はこの否定なしに、最後の肯定にはいるわけに行かぬが、その心を徹底させれば、宗教的・霊性的生涯はそれから可能になる。厭いもせず求めもせぬ大部分の万葉歌人には、人間の心の深き動きにふれているものがないといってよい」（鈴木大拙『日本的霊性』前出34頁）。確かに宗教的な萌芽は認められるが、「霊性的自覚」に立つ宗教心とは言えないかもしれない。大拙によると万葉の「清明心」にはまだ反省内観の機会が訪れて来なかった。外国からの思想はまだ日本の風土に順応した生命として育成せられなかった。日本的霊性なるものの目覚めはまだなかった（鈴木大拙、前掲書34頁）。だが、わたしたちは万葉の「宗教」思想にも日本人の宗教心である霊性の自覚がすでに発現しており、これが仏教の受容によって次第に深まっていったと考えたほうがよいように思われる。

平安朝の時代

平安の時代では文化の中心地であった京都には政治があり、文芸があり、美術・宗教・学問などが華やかに展開していた。だがこれらの文化財を創造し、享受し、鑑賞する人は社会の上層部に限られていた。宮廷を中心にして、これをめぐる貴族たちの文化が当時の日本文化の全部であった。それゆえ、ある点では非常に洗練せられたものとなったとしても、日本全土を支配し、物質的享楽に恵まれていた貴族の頽廃気分が、そこに反映していた。平安文化の特徴は誰もがいうように、繊細で、女性的で、優美閑雅、感傷的であるといえよう。『万葉集』が平安以前の日本的情緒と言えるなら、『古今集』をもって平安人の情調と言っても良かろう。『古今集』全20巻のうち、自然を歌ういわゆる四季の歌が6巻、恋歌が5巻を占めている。そこには物質に恵まれた貴族生活の行楽遊戯的気分がどんなに横溢していたかがわかる。平安時代の多くの「物語」や「歌集」中に見られるような憂愁・無常・物のあわれなどは、いずれも淡いものであったのではなかろうか。

平安時代にも最澄や空海のような傑出した宗教人は確かに輩出していた。この二人は中国で仏教を学ぶため遣唐使節団として中国に渡った。延暦23年（804年）である。そのとき彼らは互いに相手を知らなかったか、それとも空海は最澄の名前を知っていたかもしれない。というのも中国に出発した時点では、最澄のほうが有名で、空海は無名の僧であったから。ところが帰国後、天皇が変わったことで、この関係が逆転する。また人間観の相違から二人の仏教理解の差が生まれてくる。最澄はまじめな人であって、自己の欠陥を克服しようと励み、仏教の基本は修行にあると考える。それに対し空海は、人間のうちにあるすぐれた点を発展させ、仏らしく生きるのが仏教であると楽天的に説いた。とりわけ大日如来との合一や即身成仏の主張には豊かな霊性思想が見いだされる。このように二人の仏教理解には陰と陽の違いがあった（ひろさちや『日本仏教の創造者たち』新潮選書、1994年、49頁以下を参照）。

このように見るとこの時代には一時的ではあったが清新な霊性思想が見いだされる。だが時を経るにしたがってそれは形式化・儀礼化・審美化・技巧化の一路をたどって、仏教の本来の姿から離れるようになった。

鎌倉時代　ところが鎌倉時代に入って法然・親鸞・道元・日蓮が登場することによって仏教における霊性思想が豊かな実りをもたらし、日本の精神史に前後比類のない光景が現出するに至った。とりわけ北条時宗の時代に経験した蒙古の来襲は日本人の内的な生命の発展に大きな影響を与え、日本人の精神的および霊性的な自覚に絶大な影響を与えた。日本がこれまで立っていた地盤が崩壊するような危機に直面し、それまで支えていた生活の根底が危機的な試練に襲われて、初めて人間の最深部にある霊性が喚起されたといえよう。人々は自力でこの襲撃に対して断固抵抗できるであろうかという反省にを迫られた（鈴木大拙によると南部神道も五部書神道も、その出発の動機は、たとい無意識でも、そこにあった。しかしそれは主として政治的色彩をもっている。前掲書、日本の名著版、274頁参照）。こうして蒙古来襲という外圧によって一大変化がもたらされた。

この時代に浄土思想が一般に受け入れられたのは、それが説いた末世思想のためではなく、一般の人々が生活の頽廃や自分の存在意味について反省したからである。とりわけ浄土教、ことに真宗が庶民のよって受け入れられたのは、こうした反省からではなかろうか。このような反省は霊性を覚醒し、絶対他力の教えを受容するようになった。後述するように法然や親鸞が説いた絶対他力の教えには宗教の根本経験が含まれており、日本人の精神が初めて宗教の本質に目覚め、日本的霊性の覚醒が起こったといえよう。

ヨーロッパ文学における霊性の表現

ギリシア哲学の開祖タレスはエジプトに旅行し、その地で僧侶によって創始されていた占星術とか土地の測量術を学び、そこから天文学と幾何学という学問を生みだした。こうして彼によって宗教家の天啓による「神話」から理性的な「知識」への転換が行なわれ、哲学が誕生した。タレスの有名なことば「万物の始原は水である」をとって考えてみても、そこには「万物」という普遍的思考と「始原」という「究極原因」を求める哲学的探求の精神が見いだされるが、同時に「水」という個別的で、しかも古代のバビロン神話では「神々」（ティアマトとアプスー）を指し示す神話的な表現が使われた。こうして彼は依然として神話の世界に生きており、「世界は神々に満ちている」とも語っていた。

ギリシア神話と神霊ダイモーン

ギリシアの古典文学には神霊であるダイモーンが登場して来る。このことはもっと時代がくだって哲学の普及したギリシア啓蒙時代に入っても事情は同じであって、たとえばプラトンの哲学には多くの神話が用いられており、神話の時代から哲学の時代への移行過程にあることが知られる。一例をあげると、愛の神エロースは「偉大なるダイモーン」として理解され、天上の全知者なる神と地上の無知なる人間との間を仲介する神霊であると説かれた。このダイモーンはソクラテスに語りかけて彼の良心に警告を発し、人間としての歩むべき道を天啓のように指し示した。また彼と同時代の悲劇作家ソフォクレスの代表作『オイディプス王』には、このダイモーンが幸福の絶頂にあった王に襲いかかり、不幸のどん底に突き落としている有様が見事に描かれる。この作品が典型的に物語っているように、ギリシア人は秩序ある世界（コスモス）の背後に混沌たるカオスが渦巻いていることを知っていた。そこには「運命の女神たち」（モイライ）や「復讐の女神たち」（エリーニュエス）、また狂気の擬人化である「破滅の女神」（アーテー）が人間に襲いかかろうと身構えている。アイスキュロスの「オレスティア三部作」にもこのダイモーンたちが人間の力を超えた恐るべき姿で登場する。だが、このダイモーンたちもアテナ女神の執り成しによってなだめられと、そこに平和の世界が誕生する。このような理性を超えた神々の超自然的な力の支配こそ神話が物語っている世界であり、ギリシア神話はそれを壮大な叙事詩によって表現した。

エリアーデは「神話は聖なるものが世界へ侵入する、さまざまな、そしてしばしば劇的なありさまを述べている」と述べている。また「世界が現に創立され今日あるようになったのはこの聖なるものの突然の介入によるのである」（エリアーデ『神話と現実』中村恭子訳、「エリアーデ著作集」第7巻、せりか書房、1997年参照）と。聖なるものは世界を超越していても、その力で人間の存在に迫り、支配しようとする力である。神話はこの出来事を宇宙創成の物語として語ったが、宇宙創成の出来事をその因果関係にもとづいて説明したのではない。そうではなく人間とその世界は、合理的には説明できない力によって創られ、支えられていることが、神話によって告知される。この力としての聖なるものに触れて人は初めて始原の創造的な力による新生を経験し、自己の根源的被造性の自覚とともに、聖なるものの支配秩序に服すべきことを知る。ここに宗教的意識の芽生えが見られる。

ギリシア宗教の諸時代

一般に広く流布している考えではあるが、ホメロスが描いた神話的なオリュンポスの十二神をギリシア宗教の出発点におくことは間違っている。それ以前の原始的な呪術の段階を通ってギリシア宗教は発展して来たと言うべきである。たとえばギルバート・マレーによると、その第一段階はゼウス以前の「原始的無知の時代」である。それは文化人類学者たちが未開社会において世界の至る所に並行現象を見いだしている時期であって、プロイスによって「原蒙昧」(Urdummheit)と呼ばれている時期である。その時代には、つまり古代ギリシアには、すぐれた特質と美的な精神の向上が認められる。古代社会では人は絶え間のない死の不安に曝され、野獣・洪水・疫病・飢饉・他民族の侵略に脅かされていた。そこから呪術による禁忌や贖罪、さらに祈祷や犠牲(人身御供)などの行事が要請されたと考えられる。それに続く第二段階は「オリュンポス的、あるいは古典的段階」と呼ばれる。それは原始的な曖昧模糊とした勢力が新しい秩序によって治められる段階であり、オリュンポスの神々による支配は一種の宗教改革であったといえよう。これはホメロスとヘシオドスによって語られた神話の世界であり、英雄の時代ではあっても、実際はギリシア人の想像力による創作であって、その神のペルソナは空の面(マスク)にすぎず、人となることがないため個人性をもたず、山頂に自身の国を造っており、そのような神々の姿エイドス(見られた形姿)にほかならない。これに続く時代がタレスによって始まるイオニアの哲学である(ギルバート・マレー『ギリシア宗教発展の五段階』藤田健治訳、岩波文庫、

16―17頁)。

この時代には表現形式としての「神話」(mythos= 物語)が使われ、「霊」は「守護霊」なるダイモンとして物語られた(古代ギリシアでは「霊」概念は多様に表現されていた)。この霊は聖書では重要な言葉として使われるようになるが、それは次章で扱うので、ここではヨーロッパ近代文学を代表する作品から一例だけ取り上げてみよう。

シェイクスピアの亡霊物語

ヨーロッパ近代文学を代表するシェイクスピアの作品には、さまざまな姿をとって精霊たちがしばしば登場するが、悪魔そのものは姿をみせない。たとえば霊はときには『マクベス』の魔女のように邪悪であったり、殺害された善良なダンカンの亡霊であったり、『ハムレット』の父親のように亡霊となってハムレットに復讐を誓わせたり、『夏の夜の夢』に出没する愛らしい妖精であったり、またときには『ウィンザーの陽気な女房たち』のにせ妖精たちのように滑稽であったりする。だがシェイクスピアはデーモン的な霊よりはデーモン的な人間を描こうと意図していたといえよう。そうした人間のなかでも最悪なのは『リチャード三世』のリチャード王、『オセロー』のイアーゴー、『マクベス』のマクベス夫人、『リア王』のゴネリル、エドマンド、リーガンのような、悪魔に取り憑かれた人間である。したがって「この時代の悪は霊の形で現れるよりも人間の姿をとっているほうが説得力をもつことを、この大戯曲作家は本能的に感じていた」（ラッセル『メフィストフェレス――近代世界の悪魔』中野美紀子訳、教文館、１９９１年）とも言われる。

そこで彼の悲劇の中でもっとも有名な『ハムレット』の亡霊について考えてみたい。この作品はその筋だけを見ると当時流行した仇討ちの流血劇であって、さまざまな困難を乗り越えて最後に敵を討つが、同時に自分も滅びるという陳腐なものにすぎない。問題はその運命の困難さであって、それは外的な障害よりも、ハムレット自身の内部に潜んでいる。そこに彼の優柔不断な性格と謎、さらに魅力もあって、解釈はさまざまになされる。外的な障害としては悲劇『ロメオとジュリエット』のような家族間の衝突は有名であるが、それはハムレットにはない。第一幕では彼は殺害された父の亡霊からその死因が叔父と母の計略によるものであるという事実を告げられる。だがこの亡霊はハムレットの父の霊なのかどうか定かではない。結果的には多くの人の命が失われ、ハムレット自身も死を迎える悲劇であるがゆえに、悪魔ではないかとの疑念も払拭できない。ここから生まれた疑惑が優柔不断な彼を悩まし続けることになる。だが、彼は亡霊に対し叔父を殺害すると復讐を誓ってしまう。道徳的で内向的な彼は、日夜狂気を装い懐疑の憂悶に悩みながらも復讐を遂げようとする。この「亡霊」というのは生命力を失った死者の魂であるが、もともとは神の霊を宿していた人間の霊性を表現している。ここにわたしたちは近代ヨーロッパ人の霊性の姿を垣間見ることができる。

日本文化とくに詩歌における霊性の感性的表現

ところが日本文化の中でも、とくに詩歌の中に、霊性の豊かな表現が見いだせる。そこには霊性の感性的な表現がとくに優れているといえよう。というのも霊性は理性的に捉えられて思索的となって形而上学にまで発展するよりも、感性と結びついて特殊な霊性的表現となって結晶するからであろう。霊性と感性との関係について河波 昌は次のように言う。「概して日本民族は感性的なものに即して霊性的なものを実現してゆく点で、世界的にも卓越無比である。……自然の豊かさに恵まれてきた日本人にとってその自然とは、また限りなく豊かな霊性の基盤をなすものでもあった。そして日本人は気づこうと気づくまいとにかかわらず、事実としてこの自然としての霊性そのものと感応道交していたのである。たとえば月の清浄さに感動しつつ、霊性の清浄さそのものとの現実的な交わりがあった」（河波 昌「『日本的霊性』について」『大乗禅』1996・9月、No. 826、鈴木大拙逝去20周年特集号）と。

そこでこのような日本的霊性の感性的表現として、西行・芭蕉・良寛を取り上げて考察してみたい。これらの詩人たちのもとでは自然の描写が、それだけに止まらず、ある霊性的世界の表現となっている。日常生活の次元に属する事柄や出来事がそのままで超越的世界を表現するところに、日本文化の特質があるとわたしには思われる。というのも芸術と宗教が一体となったものが日常の具体的事柄に即して表現されているからである。

西行の詩歌における霊性の感性的表現　西行（1118-90）その俗名佐藤義清は、平安末期の歌人であったが、身分としては衛府に仕える武士であった。彼は23歳で出家した。その動機が伝わっていないため、さまざまな伝説や逸話が生じた。出家後は東国や四国への漂泊の旅を重ね、壮年期には高野山に生活の場を置いたこともあった。出家当時の作「鈴鹿山うき世をよそにふりすてていかになり行くわが身なるらん」と歌ったように、遁世の理由が不明なまま出家生活に入った。彼が残した和歌には、真言の行者・修験者ふうの修行に明け暮れた日々の作もあり、世俗の歌もあって、西行独自の多面性と魅力とが溢れている。なお出家後の西行についても不明な点が多く、職業的な僧侶ではなく、「数奇の隠遁者」と考えられる。歌集には『山家集』があって、代表作としては一般に「心なき身にもあはれは知られけり鴫《しぎ》立つ沢の秋の夕暮れ」など推賞されている。

西行の時代には歌道と仏道との二つの道が相通じるという「歌道仏道一如観」という考えがあったようで、藤原俊成や定家、さらに心敬などがこれに帰依して歩んだ。西行にもこのような思想があると思われるが、実際は歌道は美を追究する遊びどころではなく、自然の生命を深く探求して行くことによって仏教の悟りの境地に近づいていった。

　そこで先ず歌道による自然美の探求について考えてみたい。同じ自然の声を聞いた詩人でも、『山家集』には鹿の声（33回）鳥ではほととぎす（78回）また鶯（38回）も歌っているが、自然との一体感によって自己の生き方を表現した。たとえば「山ふかみ霞みこめたる柴の庵にこととふものはうぐいすの声」また「ほととぎす深き峰より出でにけり外山の裾に声の落ちくる」とある。これは自然と一体化した生活を歌っている。なかでもおおらかな表現には西行らしい特色が示される。このおおらかさは西行の歌で最も有名な歌にも認められる。「ねがはくは花のしたにて春死なむそのきさらぎの望月のころ」（88ねがうなら桜の咲く春にその桜の木の下で死にたいものだ。きさらぎの満月のころに。）。さらに「仏には桜の花を奉《たてまつ》れわがのちの世を人とぶらはば」（89私が仏になったら桜の花を供えてほしい。もしも後の世に誰かが弔ってくれるのならば。）とある。この二つの歌は同じ心境の歌であって仏教の無常観を表明していると考えられる。このように死を予想する歌が初期からあって、それが『山家集』に収録されているところから知られるように、中年の作であって、晩年の作でも臨終の歌でもない。とりわけこのようなおおらかさは美の女神に捉えられた西行の心がよく描写されており、一種の悟りの境地が示される。

　なお、西行は69歳で奥州平泉に旅したときに「風になびく富士のけぶりの空に消えてゆくへも知らぬわが思ひかな」と詠んだが、この歌には自分の求道生活に対する不安感が滲み出ている。だがこの歌を、「闇晴れて心の空に澄む月は　西の山べや近くなるらむ」という有名な歌と較べると苦闘を経て安心立命に近づいている姿が浮かび上がってくる。この臨終の歌には「西の山べ」という西方浄土への思いが込められており、無明の闇が晴れ、心の空は西方浄土に入るときが来たと月が知らせると詠じる。ここには西行の霊性が表現され、自然との一体化が希求されている。ここにあるような宗教的な境地が心の根底に霊性を芽生えさせている。そこにわたしたちは霊性の発露を認めることができる。

なお「神祇・釈教の歌」には優れた宗教心を表す歌が残されている。その中から二つを選んでみたい。「深く入りて神路の奥を尋ぬればまた上もなき峰の松風」（2018）。この歌には「高野の山を住みうかれて、伊勢の雪見の山寺に侍りけるに、大禅宮の御山をば神路山と申す、大日如来の御垂跡を息ひて、よみ侍りける」という詞書《ことばがき》が付いていることから、作歌の事情がよく知られる。「神路山」と「また上もなき峰の松風」という自然の描写によって本地垂跡の思想が見事に表現され、皇室を尊崇した西行が神道と仏教とを統一的に理解していたことが知られる。そこに西行の霊性が表出されている。彼の神仏一如の信仰は『山家集』には、「榊葉《さかきば》に心をかけんゆふしでて思へば神も仏なりけり」（1312）に表明されているが、そこにも「伊勢にまかりたりけるに、大神官にまゐりて詠みける」と詞書が記されている。

宗教と詩作という関係を考えてみると、そこには両者の深い一体感があって、自然や人間の溌剌とした描写の背後には、「般若皆空」や「発菩提心」、「即身成仏」の仏道信仰の体得と実践が秘められている。西行には総じて老境に達してからの晩年の作品のなかに霊性的な表現が多く見られる。

芭蕉の詩歌における霊性の感性的表現

芭蕉（1644-1694）は姓が松尾、伊賀（三重県）上野に生れる。若くして京の北村李吟に俳諧を学ぶ。1672年江戸に移り、俳諧によって身を立てようとする。1675年頃から大阪の西山宗因の作風の影響を受け、近世庶民の生活を大いに謳歌するが、やがて漢詩文の精神を学び、老荘思想、さらに禅にも関心をもち、深川臨川寺開山佛頂和尚について修業する。漢詩文と禅の修得が高い詩的作風の基盤となった。1684年以後は旅に出ることが多くなり、旅に生き、作句し、旅の途次大阪で没した。

彼は1688年（元禄元年）に伊勢神宮に参拝し、その後広く近畿の地をたずねた。そのときの紀行文が『笈《おい》の小文』として門弟によって編纂された（笈とは修検者が背に負う箱を意味する）。その序文には次のように述べられている。

西行の和歌における、宗祇の連歌における、雪舟の絵における、利休が茶における、其貫道する物は一なり。しかも風雅におけるもの、造化にしたがひて四時を友とす、……造化にしたがひ、造化にかへれとなり（『芭蕉紀行文集』中村俊定校注、岩波文庫、69頁）。

ここで芭蕉がその俳諧の道を西行、宗祇《そうぎ》（室町後期の連歌師）、雪舟、利休といった先達たちの道と同じ求道性によって貫かれていることが明らかである。彼はその求道心を日本の精神史を貫流するものと同一視し、「造化にしたがいて造化にかえる」と明瞭に述べる。彼は造化を、造物主によって作りだされた森羅万象という意味のみならず、それが無限に生滅・変転して行く推移という意味でも用いる。こうして彼は美への飽くなき追求と大自然の生命への沈潜を両者の相反相即の相のもとに生き抜いたといえよう。彼は先の引用に続けて「無能無才にして此一筋につながる」と語ったことで有名となり、俳諧の道をもなお妄執として考えざるを得なかった。こういう真摯な態度が彼の魅力であり、同時に彼の芸術の極致であろう。

なお、造化の思想は『荘子』に淵源する。その「大宗師篇」には次のような一文がある。「父母が子に命じたときは、たとえ東西南北のいずれであろうとも、ただその命令のままに従って行くものだ。まして天地陰陽の造化者が人間に対して下す命令は、父母の命令どころではない。……もし天地が人間をつくりだす大きなるつぼであり、造化が偉大な鋳物師であるとするならば、その鋳るがままにまかせておけばよく、何にされようとかまわないではないか。もし死を与えられたら、安らかに眠りにつき、生を与えられたら、ふと目をさますまでのことだ」（森美樹三郎訳）。

芭蕉は『三冊子《さんぞうし》』の中で森羅万象に向かって何かを感得したとき俳句が誕生する有り様を「見

とめ、聞《きき》とめる」作用としてとらえて、次のように言う、「飛花落葉《ひからくよう》の散り乱れるも、その中にして、見とめ、聞とめざれば、おさまることなし。その活たる物だに消えて跡なし。又、句作りに師（芭蕉）の詞あり。物の見えたるひかり、いまだ心にきえざる中にいひとむべし」と。ここにある「見とめ、聞きとめ、言いとめ」という作用には「心に深く受け止める」という意味があって、そこに霊性の感得が起こっている。たとえば「見とめる」作用が「あら尊《とう》と青葉若葉の日の光」という有名な句に認められる。そこには霊性の生起という現象が見事に表現されている。河波昌はこの点について次のように言う、「日常的に経験する日の光に霊性的なものの現起が見られる。日の光に対する感覚は実はその感覚を通して霊性的なものの喚起をも意味しているのである。〈あら尊《たふ》と〉とは日常的なるものに対する霊性的なるものの突破の様を示している。概して日本民族は感性的のものに即して霊性的なものを実現していく点で、世界的にも卓越無比である」（河波昌『大乗禅』平成8年、862号）と。

次に「聞きとめる」例としてもっとも有名な句「古池や蛙とびこむ水の音」をとりあげてみたい。大拙はこの句に関して『禅と日本文化』で詳しく論じている。それによると日本人の心の強味は最深の真理を直覚的につかみ、表象を借りてこれをありありと現実的に表現することにあるが、この目的のために俳句はもっとも適切な道具である。この俳句を理解することは禅宗の「悟り」体験と接触することになる。この「古池」の句を作る動機については、芭蕉がまだその師佛《ぶっ》頂《ちょう》和尚のもとで参禅していた頃の会話、つまり禅問答が基になっているようである。和尚が芭蕉を訪ねてきて問うた。

和尚「今日のこと作衆生」（近頃どう暮していられるか）。
芭蕉答えて、「雨過ぎて青苔湿ふ」。
佛頂はさらに、「青苔いまだ生ぜざるときの仏法いかん」。
「蛙飛び込む水の音」と芭蕉は答えた。

大拙の解説によると、佛頂の質問「青苔の生ぜざる以前の仏法はどうじゃ」は、「アブラハムの生れいでぬ前より我は在るなり」（ヨハネ8・58）というキリストの言葉に相当する。禅匠はこの「我」の誰であるかを知ろうと欲するのである。キリスト信者には「我は在るなり」（I am）という主張だけで十分だったろうが、禅では問いを発して答えができなければならない。これが禅直観の真髄である。それゆえ佛頂は「世界が存在した以前になにが在るか」と尋ねる。すなわち「神の〈光あれ〉といった前の神はどこにいる」と。禅師の問いは万物創造以前の宇宙風景である。時間なき時間はいつであるか。それは空な概念にすぎぬか。空な概念でないとすればこの問いにどう答えられるか。芭蕉の答えは「蛙とびこむ水の音」であった。このときの発言には「古池や」

の初句はなく、これは後の追加である。ところで大拙によると芭蕉の言葉には「生そのものの性質への洞徹《どうてつ》」があって、彼は創造全体の深みを見通し、そこに彼の見たものがこの句によって現れたと解釈される。彼が見た直観がこの句に表明されており、直観によって表象は透明となり、ただちにその体験の表現として意味をもってくる。それゆえ詩人が造化の深みに洞徹したのは、古池の静寂にはなくて、飛びこむ蛙のみだす「音」にあった。この音の直覚が感覚世界と超感覚世界の二元性を超えた霊性の認識であって、これこそ創作活動の源泉であった（鈴木大拙『禅と日本文化』岩波新書、1964年、166–171頁参照）。大拙はこれがすべての芸術家がその霊感を仰ぐところの「無意識」への洞徹を芭蕉に生じさせたと解釈する。ところで聖書（ヨハネ福音書）との関連で言うと、この音は「神の言葉」であって、この言葉に含まれる神の声の創造行為を意味する。それゆえ「初めに言葉があった」というのはゲーテの『ファウスト』と同様に「初めに行為があった」を意味する（手塚富雄訳、中公文庫、悲劇第1部、92頁）。したがって「声」は神の始源的な行為を表現することになる。

良寛の詩歌における霊性の感性的表現

良寛（1758-1831）は道号を大愚《たいぐ》と称した。越後の出身で曹洞宗《そうとうしゅう》の僧であった。18歳で出家し、備中の大忍国仙《だいにんこくせん》について修行し、諸国行脚ののち故郷へ帰り、寺泊や国上山等に住み、漂泊の人生を楽しみ、山林に幽居して自然と語らい、托鉢生活を送り、詩作と書道を楽しみ、文人と交わり、童児と遊ぶ、清貧の生涯を過ごした。万葉風の和歌と独自の風格をもつ漢詩に秀でている。

彼は沙門の人でありながら、歌道に携わることが邪道であることをよく知りながら、仏道との相克に悩んだ人であった。唐木順三も「沙門良寛の苦渋と歌人良寛の天真〔との葛藤を〕を、どこかでつなげてみようと私は努めた」（『良寛』「あとがき」参照）と認めている通りである。托鉢して生活を維持するためには、また同時に食物を布施する人たちの要求に従って歌を詠み、作詩に励んだ。このように悩む良寛の哀しみの心の奥底を、大自然の命の風が吹きぬけていくとき、彼は小躍りして天真爛漫な詩を創作する。その詩は哀しみの霧が深かっただけ、それだけ爽やかでもあった（同じように八木重言は「この明るさのなかへ／ひとつの素朴な琴をおけば／秋の美くしさに耐へかね／琴はしづかに鳴りいだすだらう」と歌っている）。

このようにして彼の内に大自然の息吹が吹き抜けると、次のような霊性の歌「静夜草庵裏」が奏でられる。

静夜草庵裏　静夜《せいや》草庵の裏《うち》
独奏没絃琴　独奏《ひとりそう》す没絃琴《もつげんきん》
調入風雲絶　調べは風雲に入りて絶え

静かな夜に、一人草庵のうちにいて、絃のない心の琴のかなでる音楽をきいている。しらべは遥かに遠く風の中に雲の中に消えてゆき、声は流れる水の音

聲和流水深　声は流水に和して深し
洋洋盈渓谷　洋々渓谷に盈《み》ち
颯颯度山林　颯颯《さっさつ》山林を度《わた》る
自非耳聾漢　耳聾漢《じろうかん》に非《あら》ざるよりは
誰聞希聲音　誰か聞かん希声《きせい》の音《ひびき》を

と和して深くなり、ひろく渓谷にみちみち、さっと勢いよく山林をわたっていく。世の栄利名誉に無関心になりえた人間でなかったなら誰かこのたぐいまれなすばらしい音楽をきくことができようか。
（飯田利行『良寛詩集訳』大法輪閣170頁）

したがって真に世の栄利や名声に無関心になることができた人だけが、この大自然の生命の風が心の琴をかなでる音楽を聞くことができる。当時の寺院仏教の堕落を目の当たりに見て、彼がどのように悲憤慷慨したかは、「僧伽《そうぎゃ》」と題する詩に述べられているが、そこには霊性が「道心」として言い表わされている。

出家無道心　出家の道心なきは
如之何其汚　その汚れをいかんせん

出家をした人間の求道心のないのは、その汚をどうしたらよいものであろうか。（前掲訳書58頁）

良寛の生き方は法然や一遍と比較すると、寺院生活を捨てたとはいえ、衆生済度に専心しているとは思われない。それは彼が倉敷の円通寺を出てから、完全な挫折体験を味わったからではなかろうか。確かに父の桂川への投身自殺は、良寛にとっても大きな痛手であった。だが彼の挫折はこういった外から彼を襲った試練ではなく、衆生済度そのものについての挫折であったと思われる。良寛のあの深い、言いようもない哀しみは、この挫折から生まれてきているように思われる。

君看隻眼色　　君見たまえわが両眼の色を（筆者注釈）
不語似無憂　　語らなければ、憂い無きに似ておろう（筆者注釈）

打ちあけなければ、私には憂いなどまったくないようにみえるだろう。だが、よくよく私の両眼の色をみつめてくれ、そうではないことをわかってくれるはずだ。

ここには良寛の心情が明らかに吐露される。この言葉には深い哀しみが認められる。真に仏の教えを後世に伝える任にたえうる者はどこにもいない。そのように良寛が涙したとき、実はその涙は良寛自身に向けられていた。彼の心の状態はどのようであったのか。
次のような詩には良寛の心が「心水」として歌われる。

心水何澄澄　心水何ぞ澄澄《ちょうちょう》たる　──心の本源はなんと澄み渡って深いことか。その本源を──

望之不見端　之を望めども端を見ず
一念繰瞥起　一念わずかに瞥起すれば
萬像堆其前　万像その前に堆《うづたか》し
執之以為有　之に執して以て有となし
乗之不長還　之に乗じて　長く還らず
苦哉狂酔子　苦しい哉　狂酔子
終被纏十纏　ついに十纏《てん》にまつわらる

いかに望み見ようとしてもほんの糸口すら見当たらないほどである。さて或る念は忽然として起こるものだが、森羅万象は悉くこの念の所作だ。ところがその仮の相に捕らわれていて、それだけが実在だと思いこんで、永劫に自己本来の清らかな魂のあり方に還ることを忘れてしまう、あわれさよ。見苦しいかな浮き世のわからず屋どもはお経に説いてある十の妄惑に迷わされ彼らには出離得道《さとりをうる》はありますまい。（前掲訳書、80頁）

ここにある「心水」とは心の本源であって、霊性を指している。それは本来的な自己の心、仏心である。それは浄水のごとく澄み切ったものであって、自我性によって汚れていない無自性、無自相のものであるから、水の澄みきったものに比べられる。ここで良寛は「もしも他の縁により一念が忽然として生ずると、現象する一切のものを、実在し常住不変の本体として妄想し囚われるので、本来、浄水の如き心は一変して染汚の心、即ち煩悩《ぼんのう》そのものとなる。本来清水のように澄み切った自己の心、即ち仏心を煩悩の塵で見えなくしている。世の煩悩の毒酒に酔い、狂人のようになっている人よ。目ざめなさい。浄水の如き本来の自己の心を開発しなさい」と嘆いたのである。

良寛が学んだ道元の『正法眼蔵』「仏性」の巻には、釈尊の言葉「一切衆生には、悉く仏性がある。仏の本質は常住で、変ることがない」が詳しく説き明かされている。これは偉大な師の教えであるばかりか、すべての諸仏と歴代の諸祖の根本精神である。それゆえ生死の輪廻の苦しみと迷いを解脱せんと願う人は、この仏性の真意を究明し、ただ生死のさ中にあって、そのままが涅《ね》槃《はん》（真理、悟りの境地）であるとの道理を明らかにすべきである。

良寛の詩句「騰々《とうとう》任天眞」には「任」つまり「まかす」とあるが、その本来の意味は自分がこちら側にいて、あちら側の天眞に任すというのではない。「任せきって分別なく騰々としていること」である。あるいは自分が天眞になりきって、天眞を体現している状態である。ここに良寛の霊性の特質がある。天眞が転じて自己のものとなっている。

霊性の二類型

わたしたちはこれまで東西の文化を通して霊性の発現の有様と仕方を考察してきたが、そこには東西の文化を貫いて二つの類型があることが判明する。この二つの類型に初めて注目したのはイギリスの神秘主義の研究家アンダーヒルの『神秘主義』であったように思われる。ヨーロッパの神秘主義は具体的には「神秘神学」としてその歴史を形成してきたが、神秘神学とは霊性の学であったとみなすことができる。この神秘主義には二つの類型があるとアンダーヒルは主張した。彼女によると神秘主義は二つの類型に分けられる。つまり二つの類型というのは、（1）超越的・形而上学的神秘主義と、（2）個人的・人格的神秘主義である。前者は「絶対者」を非人格的で超越的なものとみなす形而上的神秘主義であり、「絶対者」への最終的到達を「神化」、あるいは自我の神への完全な変容として捉える。後者は個人的、人格的交わりによって神秘を把握し、神秘を魂と神との「霊的結婚」として語る（アンダーヒル『神秘主義』門脇他訳、シャブラン出版、392—394頁）。その視点はわたしたちが考察している霊性にも応用できる。

ところでここでとくに注意しなければならない点は、鈴木大拙や西田幾多郎によって把握されたヨーロッパの神秘思想がエックハルト（Meister Eckhart, c. 1260 - c. 1328）に集中しており、西谷啓治においてもこの傾向は変わらない。彼は西田の思想を受け継ぎながらニヒリズムの強い影響のもとに意識を超えた存在の根底を虚無においてとらえている。

「意識の場は、自己といふ存在と事物といふ存在との係はりの場であり、要するに存在だけの場、存在の根底にある虚無が覆ひ隠されてゐる場である。そこでは自己も、一種の客観化を受け、〈存在〉として捉へられる。併しその意識の場、存在だけの場を破って、その根抵なる虚無に立つ時、自己は初めて客観化を受けぬ主体性に達し得る。それは自己意識よりも一層根源的な自覚である」（西谷啓治『宗教とは何か』創文社、１９６１年、22―23頁）。

ここに至る歩みを彼はエックハルトの突破の中に解明したが、それはやはり禅思想の視点からであって、エックハルト以後発展した「根底」は顧みられなかった。

問題となるのは、エックハルトの神秘主義がヨーロッパの霊性思想として理解されている点である。もちろん中世において展開した神秘主義はシェルドレイクが言うように神秘主義的霊性という特質を備えているにしても（シェルドレイク『キリスト教霊性の歴史』木寺廉太訳、教文館、12頁参照）、神秘主義の流れの中では思弁的で知性的なドイツ神秘主義と人格的で情意的な花嫁神秘主義との対立があって、新プラトン主義に立つエックハルトの思弁的神秘主義が鈴木大拙や西田幾多郎また西谷啓治たちの禅宗の立場からこれまで受容されたが、キリスト教の信仰経験に根ざした人格主義的で情意的な神秘主義は残念なことに全く無視されてしまった。実はこの人格的で情意的な神秘主義こそ民衆の間に広く受け入れられて、行き渡ったもので、ヨーロッパ的な霊性の土台を形成するものとなった（この点は神秘主義的「根底」が「霊」に変換される若きルターの思想において歴史的にきわめて明瞭なプロセスを残している。金子晴勇『ルターの霊性思想』教文館、127―133頁参照）。

したがって神秘的な合一を捉える神秘主義には「神化」と「霊的結婚」との二種類の神秘主義が認められる。このような二種類の神秘主義をアンダーヒルは次のように規定している。

この二種類の表現はそれぞれ超越的・形而上的神秘家と個人的・人格的神秘家の二つの型に帰属するのであり、定式的表現となった場合、両者は切り離されて個々に検討されると、互いに矛盾するように見えるのである。(1)「絶対者」を非人格的で超越的なものとみなす形而上的神秘家は、「絶対者」への最終的到達を神化、あるいは自我の神への完全な変容として描く。(2)個人的、人格的交わりという相のもとで最もよく「真実」を把握する型の神秘家は、この交わりの達成、すなわち完成され恒久的なものとなった形態を、魂と神との霊的結婚として語る(アンダーヒル、前掲訳書、392—393頁)。

このような「神化」と「霊的結婚」の神秘主義の二類型は、神秘家の気質にもとづいて形成されており、主観的体験の方法から生まれる。すなわち「一方は、神秘家が自分自身の人格に起こった根底的な変化——彼の「塩と硫黄と水銀」が「霊的黄金」に変容すること——を驚愕とともに認め、その認識過程を叙述し、もう一方は喜悦溢れる愛の成就を叙述する」。アンダーヒル自身は思弁的な神秘主義よりも人格主義的な神秘主義を重要視しているが、わたしたちとしてはヨーロッパの神秘主義に見られるこの区別を尊重しなければならない。

このような神秘主義の区別は霊性の理解にも表明されており、それは仏教とキリスト教の両者においても等しく認められる。キリスト教においても思弁的で形而上学的な霊性の理解と人格的な理解とは対峙しており、仏教においても禅宗と真宗との相違を生み出している。もちろん原始キリスト教においては根源的聖者イエスもしくはその使徒たちとの時空を超えた人格的な触れ合いを通して聖なるものを霊性が感得するのに対し、ギリシア思想の影響を受けたスコラ神学やエックハルトの神秘主義では世界との関連で形而上学的で思弁的な霊性が認められる。なお仏教では悟りが中心であるため知的な直観によって自然を超えた聖なる法を捉えることがめざされる。しかし阿弥陀仏の信仰のように人格的な要素をもつ霊性思想も認められる。したがって霊性の理解にも人格的・情緒的側面と知性的・直観的側面との対立が明らかである。しかし一般的にはキリスト教の霊性理解は人格的な特質に求めることができるが、仏教の霊性理解には知性的な直観が主な傾向となっている。

こうして霊性に関して非人格的な「思弁的な霊性」と人格的な「交わりの霊性」との二つの類型に分けることができる。この区別はキリスト教にも仏教にも妥当するが、主たる傾向から分けると、キリスト教では人格主義的傾向が主流であり、仏教では非人格的・思弁的傾向が主流となっている。人格主義においては人格間の交流として情意的な愛が理性よりも創造的な作用を起こし、非人格的形而上学的な霊性では情意の作用よりも理性の直観的な作用に重きが置かれる。

ところがルターは青年時代の求道のさなかに前者の「思弁的な思惟の神秘主義」から後者の「信仰的な交わりの神秘主義」へと転向した。一般的にいって神秘主義は永遠者や神的存在と触れ合う経験に基づいて成立している。ドイツ神秘主義の伝統においてはこの経験は「神秘的合一」(unio mystica) によって言い表されてきた。そこでは神もしくは神性との直接的な合一がめざされていたが、ルターの神秘的な経験では神との直接的な接触は恐るべき戦慄を伴った試練の中に彼を突き落とした。したがって神との知性による直接的で無媒介の関係は否定され、彼は深刻な試練から の救いを求めて、聖霊の助けによってキリストの霊と一つとなる救済体験に到達した。それゆえ彼が説いた「神秘的な合一」は「神―神秘主義」ではなくて、「キリスト―神秘主義」という性格規定を根本から受けている。この性格規定はルターの神秘思想が信仰によるキリストとの交わりによって確立されており、そこから「信仰神秘主義」とも「交わりの神秘主義」としてもそれは成立した。前者が「拉致《らち》」体験であり、後者が「接近」とルターによって表明され、「拉致は接近ではない」と言明されるようになった。

第3章　キリスト教における霊性の特質――汎神論と人格主義

はじめに

これまで日本的霊性について仏教を中心にして語ってきたので、次にキリスト教の霊性の特質について述べてみたい。キリスト教はその前身であるユダヤ教の旧約聖書から重要な宗教思想を受け継いでおり、それを絶えず考慮しながら思想形成を行ってきた。さらにローマ世界に進出していく間にプラトン主義の影響を受けていることから、本来の人格主義に異質な汎神論《はんしんろん》（一切の存在は神であり、神と世界とは一体のものだとする宗教観・哲学観。）が侵入してきた。こうしてさまざまな類型の宗教思想が展開するようになった。それと同時に霊性の理解でも対立する傾向が露呈するようになった。この点をわたしたちはまず聖書の霊性理解から考察し、宗教の中に汎神論と人格主義の対立が起こってくることを問題として捉えることによって霊性の二類型を明らかにしたい。

聖書における「霊」の意味

まず初めに銘記しておかねばならないことは、聖書の人間観が魂と身体というプラトン主義的な二元論を全く知っていないという著しい事実である。プラトンの哲学では心身は分離して二元論的に把握されており、それに対してアリストテレスは心身を分離しないで、総合的に理解し、これを「形相」と「質料」という形而上学の概念によって捉え直し、身体を人間の質料とし、魂をその形相とした。したがって形而上学的な二元論が姿を変えて依然として残存することになった。

それに対し聖書はギリシア哲学ではあまり知られていなかった「霊」（ヘブライ語のルーアッハ ruah; ギリシア語プネウマ pneuma）という独自な概念を採用することによって新しい人間の次元を導入した。これこそ聖書が人間を語る「中核」となる概念である。これによって開示される新しい次元は、心身の二元論とは異質の「霊」の次元であり、そこから「霊と肉」という神学的な区別も説かれた。だがこの霊肉の区別は、人が神に対し心身の全体でどう関係するかによって捉えられた。

旧約聖書では心・魂・肉・霊といった用語が厳密には区別されないものとして使用されており、それらは耳や口、手や腕と同じく、相互に置き換えることができる。たとえば「主の庭を慕って、わたしの魂は絶え入りそうです。命の神に向かって、わたしの身も心も叫びます」（詩編84・3）

とあるのを見ても明らかである。旧約聖書は神を霊として語っているが、人間もまた霊を所有する。彼は霊そのものではないが、霊は彼を生かす力である。「霊」（ルーアッハ）は、「風」や「息」を意味し、神は最初の人間の鼻にこの命の息を吹き込んだと言われる（創世記2・7）。ルーアッハは総例389のうち113例が自然力である風を意味する。また神に関して136回用いられ、人間と動物また偶像には129回にすぎない。したがってこの概念は神学的・人間学的概念として扱わなければならない（ヴォルフ『旧約聖書の人間観』大串元亮訳、日本基督教団出版局、79頁参照）。

「息」としてのルーアッハは自然力であり、人間の生命力である。「主である神はこう言われる。神は天を創造して、これを広げ、地とそこに生じるものを繰り広げ、その上に住む人々に息（ネシャーマ=息吹）を与え、そこを歩く者に霊（ルーアッハ）を与える」（イザヤ書42・5）。したがって「霊が人間を去れば、人間は自分の属する土に帰る」（詩編146・4）。そこには神の働きが関与している。「もし神がその霊と息吹を御自分に集められるなら、生きとし生けるものは直ちに息絶え、人間も塵に返るであろう」（ヨブ記34・14—5）。

「霊」という言葉は同時に「知恵の霊」とか「虚言の霊」のように使われるが（申命記34・9：列王記上22・22）、それは人間の特別な精神的な働きを意味しない。それはむしろ生命が生じ、神との関係で見られる力の領域を意味する。たとえば「わたしは高く、聖なる所に住み、打ち砕かれて、へりくだる霊の人と共にあり、へりくだる霊の人に命を得させ、打ち砕かれた心の人に命を得させる」（イザヤ書57・15）とある。この意味で肉は過ぎ去りゆく徴《しるし》として霊に対置される。その際、人間は同時に被造物として神に対向して立たされていることを知る。そこから「エジプト人の馬は肉であって霊ではない」（同31・3）、また「すべての肉は草である。神の霊が吹き付けると花は萎むから」（同40・6―7）とある表現も理解される。このように霊と肉という言葉は、魂と同じく、二元論的な人間を表わさないで、神と関係する人間を示す。

新約聖書における人間存在の「核」となる言葉は「霊」（pneuma 風・息・精神）である。プネウマという言葉は通常は「神の霊」として使用されるが、時折人間のために用いられ、人間の霊や単に人間を意味する。それゆえ、それは何か人間自身を超えたもの、その本質を超越したものを意味しない。また「魂」（psyche）という言葉もこの意味で使われる。それは身体を補足するものでも、その対の一方でもなく、ヘブライ語のネフェシュのように全体的な人間を表現している（たとえばⅡコリ12・15；ロマ2・9の「すべての生ける人」は字義的には「人間のすべての魂」となる）。

しかし「霊」という言葉は、神の霊を表現するときには全く別の意味となる。この pneuma《プネウマ》（霊）は sarx《サルクス》（肉）と対立する概念である。この霊は神の活動と力なのであって、人間に働きかける。そうすると人は「肉にしたがって」生きることも、「霊にしたがって」生きることもできるようになる（ロマ8・4以下）。この霊がキリストを信じる者を捉えると、その人は「肉的に」ではなく、「霊的に」生きるようになる（同8・9）。彼は自分の生活の中にこれまでなかったようないわば新しい次元を獲得する。こうして彼の存在は神の秩序から整えられる（自分の本性から生きる人間 psychikos「生まれながらの人間」「霊的でない人」、と神から生きる人間 pneumatikos「霊的な人間」とが区別される）（Ｉコリ2・14、15）。したがって「肉的人間」（プシュキコス）は、神との関係をもたない生まれたままの人間を指し、霊（プネウマ）に対立する。つまり人間は神との関係で肉と霊との二つの可能性の間に立つ存在である。この肉と霊という二つの存在の仕方の間には断絶があり、古い人から新しい人への変革が求められる。だが低い肉の段階から高い霊の段階へと上下の段階的な連続性を説いたプラトン主義の人間観とは相違する。

新約聖書でも身体・魂・霊の表現は哲学的な意味での自然的な人間を意味しない。この三者が全体として神に向かって方向づけられているとき、自然状態から他の霊的な救済と癒しに達することができる。このように人間的なるもの（つまり地上的なるもの、移ろいゆくもの、罪を纏ったもの）と神的なるものとは分離されたが、それでも神の霊は人間に内住することができる。というのも人間の霊は神の霊を受容する働きをもっているからである。その際、神の霊は恩恵の賜物として受容されており、人間の本性だけからは獲得できない。それはただキリストから来る生命によって獲得される。それでも「霊は一切のことを、神の深みさえも究める」（Ｉコリ2・10）と言われ、さらに「神の知恵」（ソフィア　テェオウ）「知識」（グノーシス）「信仰」（ピスティス）との関連で語られる。

しかし、この「霊」の次元は現実にはいまだ実現しておらず、完全な実現は将来のことであって、人間はその全体的な実現に向かう途上にある。この将来への期待は再び全体的な人間に当てはまる。そこでは霊による更新によって心身からなる人間の復活が問題であって、いわゆる魂の不滅は問題とはならない（この点では旧約聖書においてもすでに二元論は成立していない。この世の生活の後にある生命が告げられているときに、それに全体的な人間が関与している〔イザヤ書26・19；66・22、23；ダニエル書12・2参照〕。同様に新約聖書も語っている。しかももっと明瞭に全体的な人間の復活について語っている）。

ヨーロッパにおける宗教の二類型

聖書は旧約聖書の創世記以来人間を「神の像」として捉えている。それは人間が「神にかたどって造られた」ことを告げるが、その意味は人間が神人同形説的に似ているというのではなく、むしろ「神の像」となるように方向づけられているという神への対向性を説いた。したがって人間はそれ自身で自己を形成できず、むしろ神に対して依存的で派生的な性格を明瞭に示す。このことは人間の神に対する特別に親しい関係と地位に目を向けることによって明らかになる。そのような神と人との特別な関係は旧約聖書では神とイスラエルとの間で交わされた「契約」によって示される。契約内容は「神がイスラエルの神となり、イスラエルが神の民となる」ことである。その際、神は人格的な「汝」としてイスラエルの民に語りかける。この関係というのは「我と汝」の関係である。両者は向かい合って対峙する。ここから神が語り、人が聞くという対話の関係が神と人の間に成立し、この関係の中で人間は人格として育成される。

これが旧約聖書の人間観の特筆すべき性格である。神はわたしに対し「あなた」と語る。まさにこのゆえに、わたしは神に対し「あなた」と語ることができる。人格的な神とは、人間を人格にまで育成する神なのである。「わたしはあなたの名を呼んだ、あなたはわたしのものである」(イザヤ書43・1)。イスラエルの宗教は神に対する人間の関係のすべてを、この語ることと聞くことの関係に置く。それゆえ信仰とは聞いて従う聴従《ちょうじゅう》に他ならない。

ところがキリスト教がローマ世界でギリシア思想と出会うことによって、人格主義とは異質な人間観が入ってきた。それは宗教の定義に表われる。「宗教」(religio) という言葉にはアウグスティヌス (Aurelius Augustinus, 354-430) が『真の宗教』の末尾に言及しているように、古くから二つの定義の仕方があった。キケロは汎神論の立場からそれを「再び読む」(re-legere) と捉えて神の出現を見守ると理解したが、ラクタンティウス (Lucius Caelius(Caecilius) Firmianus Lactantius, c. 240-320) はキリスト教人格主義の観点から「再び結びつく」(re -legare) と解釈した。

汎神論はアニミズムのような自然界に霊的な存在を認める宗教の原初的形態であるが、それとは別に万有に神が遍在するという万有内在神を説くものがあって、キケロは後者に属する。そこでは神は非人格的にすべての人がともに礼拝すべき普遍的な存在として説かれる。もちろん自然に内在する神々は人間の世界にも関わりをもっている。もしもそうでないとすると、誰も宗教的感情など懐くことはできない（キケロ『神々の本性について』山下太郎訳、『キケロー著作集11』岩波書店、２０００年、６頁）。そこで哲学者たちも「神々が人間生活に心を砕き、配慮を行っているとさえ考える」が、「たとえば、穀物をはじめとする大地の産物、これらを実らせ成熟させる天候や季節のうつろい、天の運行といったものは、いずれも不死なる神々が人間に授けた恩寵にほかならない」とみなす（キケロ、前掲訳書、６－７頁）。

ここには神と人との間に世界や自然が置かれ、これらを通して両者の関係が定められる。ここから非人格的な神の理解が起こってくる。したがって自然を媒介とする神と人とも関係が説かれるようになる。そこでキケロはどのように宗教を捉えたかというと、自然を通して宗教に関わっている人々の敬虔な生活を観察することからはじめ、宗教が次のように定義される。「神々への信仰にかかわるあらゆる問題を注意深く再検討し、いわば〈読み直す〉（relego）ことを行った者たちは、この〈読み直す〉行為にちなんで〈敬虔な者〉（religiosi）と呼ばれたのである」（キケロ、前掲訳書、Ⅱ・28・72）。「それは、ちょうど「洗練された者」（elegantes）が「選択する」（eligo）から、「注意深い者」（diligentes）が「配慮する」（diligo）から、「知性ある者」（intellegentes）が「理解する」(intellego)から生まれたのと同様である。確かに、これらの語にはすべて、「敬虔な」(religiosus)に含まれる「選ぶ」(lego)という意味が含まれる。

このように彼は信仰に関わる問題について注意深く検討する行為を宗教として認めた。こうして宗教とは神々の存在をその現象形態に従って注意深く考察することであると定義される。このような自然力を神と見る汎神論や世界を通して神を理解する万有内在神論からヨーロッパにおける形而上学的な神の理解が生まれてきた。

アウグスティヌスはこのキケロから哲学を学び、さらに新プラトン主義の汎神論的な神秘主義によって神を把握しようとするが、失敗し、母の宗教であるキリスト教によって救いに到達した。ところが神秘主義による知性的な神の認識が挫折したにもかかわらず、将来にその認識が可能となるとみなしたところに問題が起こってくる。この知性的な側面を力説したのが6世紀の人と推定されるディオニュシオス・アレオパギテース(Pseudo-Dionysius Areopagita)の神秘思想である。ここからキリスト教神秘主義に二つの流れが生まれるようになった。

神秘主義の研究家アンダーヒル(Evelyn Underhill, 1875－1941)は、第2章で説いたように、その著作『神秘主義』で思弁的な神秘主義と人格的な神秘主義との二つの類型がヨーロッパの神秘主義に流れていることを指摘した。それによると神秘的な合一を捉える神秘主義には「神化」と「霊的結婚」との二種類の神秘主義が認められる。「この二種類の表現はそれぞれ超越的・形而上的神秘家と個人的・人格的神秘家の二つの型に帰属するのであり、定式的表現となった場合、両者は切り離されて個々に検討されると、互いに矛盾するように見える」(アンダーヒル『神秘主義――超越的世界へ到る途』門脇由紀子他訳、ジャプラン出版、1990年、392-393頁)と説いた。そこには「絶対者」を非人格的で超越的なものとみなす形而上的神秘主義と人格的な交わりでとられる人格主義的な神秘主義との二つの類型が指摘された。

このような類型の対立はキリスト教の霊性の理解そのものでも捉えることができる。

キリスト教的霊性の二類型

アウグスティヌスは新プラトン主義を経てキリスト教の救いに到達した。だがこの新プラトン主義の哲学によれば、目に見える感覚的世界の背後に真に実在するイデアの世界があり、この世界を統括する神は純粋な霊であり、一者である。そしてこのイデアを捉える人間の魂も霊的であるから、目に見える感覚的で物質的な世界の介在を経ることなく、神と人間とは内心で直接に触れ合うことができる。神の受肉を説くキリスト教から見ると、このような神はキリスト教の神ではなく世界を通して推論される形而上学的な存在であると言えよう。

ところでアウグスティヌスはこのような一者である神を自然的な理性によって捉えようとする

が失敗し、神秘的な経験のさ中に神から拒絶されるが、神の語りかけを聞く信仰によって救済に到達した。この神から突き返された神秘的経験は『告白録』第7巻でプロティノスの書物を読んだときの出来事として叙述される。そこには次の三つの注目すべき点が認められる。①神秘的直観の決定的瞬間においても自己省察が続けられ、覚醒した意識の下で思惟が火急的になり、知性的な神の認識が一瞬であったが実現する。②この神の認識が瞬時に終わり、それに長く耐えられないことから人間存在の可変性とそこから生じうる罪とが自覚される。③だが「魂の目」による光の認識の挫折は、神の側からの「声」を啓示として聴く「心の耳」に向かわせる。ここにキリスト教に独自な霊的で人格的な経験が入ってくる。このことは回心後のローマの港湾都市オスティアにおける神秘的体験では「拉致」体験として「ただこの一つの直観に見る者の心が奪われ(rapere)、吸い込まれて、深い内的歓喜に引き入れられる」と叙述された(『告白録』IX, 10, 25参照)。

この「拉致」体験は思惟による知的直観が神自身の啓示の声に聞くことによって実現する。それゆえ「見る」という直観の作用は、なお、依然として、対象との間に主客の距離と分裂を前提にする。この視覚が遠隔感覚であるのに対して、聴覚は近接感覚であって言葉は心に深く浸透する。それゆえ啓示の声を聞く作用は、本質的に受動的もしくは受容的となる。これが新たに生の方向転換たる回心を引き起こしたといえよう(この点に関しては金子晴勇『アウグスティヌスの人間学』280–283頁参照。なお、「聞く」作用の意義については U. Duchrow, Sprachverständnis und biblisches Hören bei Augustin, 1965, S. 73-89 を参照。また聴覚の作用に関しては金子晴勇『人間学講義』知泉書館、96–100頁参照)。

ところでアウグスティヌスが回心以前に学んだプロティノス (Plotinus, c.205 - 270) の神秘主義は、一者との神秘的合一の記述をとってみても、後代において解釈されたごとく、キリスト教にも適合しているように考えられがちであるが、神との人格的な関係はそこにはなく、没入・併合・合体・流入といった非人格的運動だけが論じられていることを看過すべきではない。したがってプロティノスの説く下降する道は、その反対の上昇の道と結びついて回帰するように説かれており、古くはヘラクレイトスの「昇り道と下り道とは同一である」との主張に見られるように、宇宙の中での不断の運動を構成する循環作用による調和と統一という世界観にもとづいている。またプラトンに流入したオルペウス教（Orphism 古代ギリシャ世界における密儀宗教）の宗教的世界観はこの下降運動を神話的表象で語り、人間の根源が現在よりも高次の源泉にあり、魂が天上界から堕ちて物質世界に閉じこめられたと説いて、後代のプラトン主義に大きな影響を与えた。プロティノスはこの堕落は不本意に生じたとはいえ、「内的な傾向により生じた」とみなし、この傾向は本来ならば高次なものが低次のものを秩序づけている方向に転換すべきであり、この宇宙的存在の秩序に人間の魂は本来従うべきであると説いた。彼はこの存在の秩序にもとづいて「宇宙の完成を目ざす意志的な下降」についてついて次のように語っている。「これらの経験と活動とは自然の永遠的な法則によって定められている。それらは、より高次のものを棄てることによって他のものの必要に奉仕すべく流れ出る、存在の運動から生じている。こうして魂が神から遣わされたという言句に矛盾も虚偽もない」（プロティノス、『エネアデス』4・8・5）。

このような思想はプラトンから遠く、キリスト教にいっそう近いように見えるが、実際はそうではない。プロティノスの神は流出によって宇宙的周行に関与していても、神自らが世界に降るのではない。彼の神はプラトンの神々のようにどこまでも完全で全く自足的であり、人間の運命に関わったりしない。したがってこの世の罪を負ったり、ぬぐい去ったりしない。それはアリストテレスの神である不動の運動者のように、自らは愛し活動することなく、すべての憧憬と熱望の的《まと》なのである。したがってそこには人格神は見いだされず、人間の魂は再び上昇するために降るのであり、だれにも助けられず自分のよごれを脱ぎ捨てる努力によって救済に達するのである（I. Singer, The Nature of Love. From Plato to Luther. 1966, p. 115 参照）。

アウグスティヌスの若い日の神秘的体験には知性による神の認識とキリストとの人格的関係を通して回心と新生に導かれるという、二重の経験が含まれている。前者はギリシア思想から生まれたもので、自然の知性的認識によって実現したものであって、非人格的な経験であった。たとえそこに神秘的な経験が含まれていても、この種の経験は自然的な一般啓示に属しており、そこには人格関係は含まれない。ところで、この種の経験はアウグスティヌスにとって瞬時に終わったことが挫折となっており、失敗であったことが一般には正しく認識されていない。したがって神秘的な体験が何か積極的な意味をもっているかのように想定することは誤りである。オスティアの体験でも表明されているように彼は神の知性的な認識に絶望し、それとは別種の神の啓示によってキリストを受容することになった。これはキリスト教の信仰にもとづく特殊啓示である。

このアウグスティヌスが経験し、その思想の総合的な性格のゆえに、明瞭には区別されなかった知性的認識と啓示的認識との二種類の認識がヨーロッパの歴史では霊性の二類型を生み出したと言えよう。このことは後に仏教との比較考察において重要な意義をもつようになる。またこの二類型はキリスト教では一般啓示と特殊啓示の関係としても論じることができる。キリスト教の歴史でもアウグスティヌスとトマス・アクィナス（Thomas Aquinas, c. 1225 - 1274）には霊性のこの二つの類型が併存しており、知性的な類型はディオニシオス・アレオパギテースで強調されたが、それは「拉致は接近ではない」と説いたルターによって拒絶され、キリスト教的霊性の純化がなされるようになった。この歩みを次に辿って紹介してみたい。

アウグスティヌスの霊性

アウグスティヌスは新プラトン主義を経てキリスト教の救いに到達した。だが、この新プラトン主義はキリスト教古代を風靡し、それに変わる哲学がなかったので、彼はその影響を脱することがなく、キリスト教とプラトン主義との総合を意図するようになった。その結果、初期の思想では知性的な霊性とキリスト教本来の信仰の霊性とが峻別されることなく混在するようになった。しかし完成期になって「恩恵の博士」と呼ばれるような時期には「キリスト教的な霊性」が確立された。そこで知性的側面をまず考察してみよう。

知性的な霊性　アウグスティヌスの初期の著作『魂の偉大』には神の観照に向かう七段階が述べられている。すなわち、①生命現象、②感覚、③学術、④徳、⑤静寂、⑥接近、⑦観照が区別され、魂が観照に向かって超越すべきことが説かれた。第2段階「感覚」(sensus)では、魂は身体の感覚作用を通して知覚する。たとえば「魂は自らを触覚へと繋ぐ。そしてそのことによって温かさ、冷たさ、粗さ、なめらかさ、硬さ、柔かさ、軽さ、重さを識別する」(『魂の偉大』33・70)。第6段階は真理の光に向かって「接近」(ingressio)する働きが述べられ、それは魂がその目を最高の真理に向かって固定する運動である。それゆえ前文に続きで「魂はそれを知ったとき、大いなる信じ難いほどの信頼をもって神へと進む。つまり、真理の観想そのものへと接近する。そして、そのために魂が大いに努力している、あの最高にして極秘の報酬に達する」と語られた。

アウグスティヌスの『告白録』はこのことを神秘的な経験として語っており、「魂の目」による光の認識についてさらに詳しく叙述する。そこには「段階的な発展」(gradatim) があって①外的な物体から、②身体を通して感覚する魂へ、③動物と共通する魂の内なる能力へ、④さらに推理能力を経て、⑤知性的認識に高まり、⑥不変の光を受け、それによって、⑦「存在するもの」の一瞥に達する。これは神の直観という神秘的認識であった。彼は言う、「思考を習慣からひきはなして、反対するさまざまな幻想の群れから身を遠ざけ、ある光を注がれたことを悟り、〈不変なものは可変なものにまさる〉と何の疑いもなく叫んだとき、その光によって〈不変なもの〉自体を知ったのです。……そしてついに、おののくまなざしで (in ictu trepidantis aspectus)《存在するもの》を一瞥するにいたりました」と語られた (『告白録』VII,17,23.)。

このような知性的な認識としての霊性は『真の宗教』では「内面性の命法」として説かれる。それは聖なるもの (神) へ向かっての超越をめざすもので、自己の内面たる「精神への超越」と精神を超える聖なる「神への超越」との二重の運動から成っている。まず、自己の内面への超越は「外に出ていこうとするな。汝自身に帰れ。内的人間の内に真理は宿っている」という言葉で示される。「外に」とは自己の面前に広がっている世界の全体である。世界の外的現象は感覚を通して知覚の対象となっている。ところが感覚ほど人を欺くものはない。感覚ではなく理性の作用によってこそ世界は認識される。そこで理性の認識対象である真理が宿っている、精神の領域に立ち返らなければならない。これが第一の命法の説いているところである。ところが、人間の精神は残念ながら有限で、誤謬を犯すことを免れていない。そこで第二命法が第一のそれに続いて「そしてもし汝の本性が可変的であるのを見いだすなら、あなた自身を超越せよ」(『真の宗教』39・72)と告げられる。この場合の「あなた」というのは「理性的に推論する魂」(ratiocinans anima)を指しており、それを超え上位の機能は「知性」(intellectus)もしくは「直観知」(intelligentia)と呼ばれる。これらの認識機能は永遠の理念のような超自然的な対象に向かうがゆえに、理性をも超越しており、宗教的には霊性を意味しているといえよう。こうした霊性に固有な運動はここで示される「外から内へ、内から上へ」という二重の超越の道を辿っている。このような知性的な認識に示される霊性は大作『三位一体論』でも継承される。

聞いて信じる霊性

次にキリスト教本来の信仰の霊性を『告白録』冒頭の言葉によって考察してみたい。

人間は、あなたの被造物の小さな一断片として、あなたを讃えようと欲する。喜びをもってあなたを讃えるように励ますのはあなた自身である。なぜなら、あなたはわたしたちをあなたに向けて造りたまい、あなたのうちに憩うまで、わたしたちの心は不安に駆られるから(『告白録』I・1・1)。

彼はここで、人間がその一断片である「被造物」と「創造者」との対立を考える。すると宇宙内部での相対的な対比の段階を超えた高度の対立に気づくが、被造物が創造者の意志に従うかぎり、意志の一致のゆえに両者の間に対立はそれほど明瞭には意識されない。この対立がはっきりと意識されるようになるのは、人間の意志が「高ぶり」によって創造者に反逆し、「罪」を犯すときである。このとき神は「高ぶるものを退けたもう」がゆえに、神と罪人との対立は最高度に達し、絶対的断絶となる。この状態はこのテキストの直前では罪の結果引き寄せた「死の性」と「罪の証拠」および高慢を退ける神の審判として述べられる。人間はこのような悲惨な堕落した状態にあって、その中を「さ迷い歩いている」と語られる。このような神と人との絶対的断絶は、両者の関係の廃棄を意味しない。むしろこの断絶はただ神からの力強い励ましによって「喜びをもってあなたを讃える」ことに変わる。

こうして最も有名な言葉が語られている。すなわち「あなたはわたしたちをあなたに向けて造りたまい、あなたのうちに憩うまで、わたしたちの心は不安に駆られる」と。人間が神によって造られた被造物であるということは、永遠なる神と性質を異にする可死的生命を意味するだけではない。それは「あなたはわたしたちをあなたに向けて（ad te）造りたもうた」とあるように、「神への対向性」をも意味する。このように被造物に創造の初めから与えられている根源的な対向性は「あなたのうちに（in te）憩うまで」安らぎを得ないと語られている。それゆえ、その目標とするところは神の内にある平安である。この平安に至るまでの状態は「わたしたちの心は不安に駆られる」と説明される。「不安」（inquietus）は「平安」（quies）を失った状態であっても、心理的な「落ち着きのない」状態ではない。この場合「心」（cor）は心理的状態でも心的素質を意味するのでもなく、人間存在の全体的動態を表明しているといえよう。というのは「あなたに向けて」（ad te）と「あなたのうちに」（in te）という言葉は、それに先立つ神との断絶状態を前提としており、この状態を『告白録』で多く用いられる「あなたから離れて」（abs te）で言い表わせば、三つの前置詞（ad, in, abs）によって神との関係の喪失と回復とが動態的に示されているからである。この心の運動こそ霊性の作用であって、霊性はこの「神への対向性」を自己のうちに根源的にもっている。

この対向性としての霊性は神の語りかける言葉を聞くことによって不安から平安に到達し、救済を得るに至る。とりわけ啓示の声を聞く聴覚の作用は、元来、受動的であるのみならず、語られた言葉が、直接、心の肉碑に刻み込まれるため、確固たる態度をもって生き方の方向転換である回心を引き起こすことになる（金子晴勇『アウグスティヌスの人間学』280–283頁参照。なお、「聞く」作用の意義については U. Duchrow, op. cit., S. 73-89 を参照）。

このようにして晩年のアウグスティヌスは人間が霊的に誕生しなければならないことを強調す

るようになった。『神の国』の最終巻では人間が敬虔と義にしたがって創られる「霊的な誕生」(institutio spiritualis)が語られる。このような魂の新生こそキリスト教霊性思想の核心をなすものであって、それは人間の自然本性の改造をもたらす。アウグスティヌスはこの観点にもとづいて再度七つの段階説を述べている。しかし彼が強調したのは、真理の認識と善に向かって愛が段階的に昇ることであり、しかもそれが知恵と諸徳を身に付けて神の至高にして不変なる善を強く欲求することにもとづいている点である(『神の国』XXII, 24, 3.; XXII, 24, 5)。最晩年のペラギウス論争の諸著作でも彼はペラギウスが人間の本性に立脚して説いた自然主義的な道徳哲学と対決して、自然本性の「霊的な誕生」を説いてやまなかった。そこではキリスト教的な基盤に立った恩恵が「活動的な恩恵」や「先行的な恩恵」として説かれた。

ディオニシオスの神秘主義

ディオニシオス・アレオパギテースの神秘神学はこのようなアウグスティヌスの霊性思想と並んで中世神秘主義の二大源泉となった。したがって彼らは中世において発展したラテン的神秘主義とドイツ神秘主義との双方に対して影響を与えた(中世神秘主義の類型と区別については金子晴勇『ルターとドイツ神秘主義——ヨーロッパ的霊性の「根底」学説による研究』創文社、2000年、31-36

頁参照)。ディオニシオスはその著作の冒頭で「祭司ディオニシオス」と名乗り、自分のことをパウロがアテナイで説教したときに回心した「アレオパゴスの裁判官ディオニシオス」であると自称した。そのため中世では使徒時代の人であると信じられており、近代の初頭にロレンゾ・ヴァッラとエラスムスとがそれに疑念を抱くまではそのように考えられていた。

ところが『神名論』、『神秘神学』、『教会位階論』を書いた著者の本当の姿は、今日に至るまで依然として不明のままである。彼の思想は、内容的に見ると、著しく新プラトン主義的であり、ニュッサのグレゴリオスの影響を明らかに受けている。その著作が6世紀に書かれたことが判明して以来、一般には「偽(Pseudo-)ディオニシオス」と呼ばれるようになった。彼の思想は東方教会の聖証者マクシモスに受け継がれ、その『神秘神学』はスコトゥス・エリウゲナの手になるラテン訳で9世紀には広く知られるようになり、トマス・アクィナスを初め多くのスコラ学者たちによって注釈が書かれるようになった。また神性が天界から流れ下るという彼の新プラトン主義的な発想が中世の階層秩序の頂点に立つ教皇によって注目された。そこで、先ず、彼の神秘神学の特質を一般的傾向にしたがって「否定神学」として考察してみよう。

彼の神秘主義の特質はその「否定神学」に求めることができる。彼は『天上位階論』の中で被造的世界を天上の位階、教会の位階、律法の位階の三階層に区別した。この中で律法の位階から教会の位階への上昇は「浄化」、教会の位階から天上の位階への上昇は「照明」、天上の位階から神性の根源への上昇は「完成」として意味づけられた。このような浄化・照明・完成の三者は魂の「神化」の段階的過程を構成する。その最後の段階を論じているのが『神秘神学』である（今義博ディオニシオス・アレオパギテース『神秘神学』の「解説」『中世思想原典集成3』平凡社440-441頁参照）。彼が力説して止まないのは、神が人間の理性を超えた存在であるということである。したがって神は、人間の「自然的な光」である理性には達しがたい「光を超える闇（γνόφος）」として隠れており、わたしたちは神についてては沈黙するか、または「否定的」にしか語ることができない。この「闇」は決して光の不在や欠如を言うのではなく、あらゆる意味での光と闇を超えたものである。したがって、それは知性的な光に優るものである。このような神との合一に関して『神秘神学』の中で次のように語られる。

私はこのように祈ろう。愛するティモテよ、あなたが神秘的観照について真剣な努力を払い、感覚と知性的活動の一切から離れ去るように。そして感覚が感じ知性が悟った一切のもの、在るものと在らざるもののすべてを捨ててしまいなさい。そして可能な限り、存在と知識をすべて越えたものとの合一に向かって知を捨てた不知の形で高められるように。なぜならあなたは自分自身を含むすべてのものから、絶対的に完全・純粋に離脱することによって、すべてを捨てすべてから解放され、存在を越えた神の闇の光輝にまで高められるであろうから（ディオニシオス『神秘神学』第1章第1節、熊田陽一郎訳「キリスト教神秘主義著作集」第1巻、教文館、265頁)。

神が感覚や知性を越えた隠れた存在であることを彼よりも強調した中世の思想家はない。もちろん聖書の啓示によって神は知られる。聖書にもとづいて神が唯一であり、三位一体、宇宙の原因、全知全能、公正で慈しみに富んでいることなどが啓示される。これが肯定の道である。この方法は主として『神学概論』において展開され(この書は散逸し残っていない)、さらに『神名論』においては、神がいかなる意味で善と名付けられるのか、またいかなる意味で存在・生命・知恵・力その他の知性的名称によって名付けられるかを考察した」(ディオニシオス、前掲訳書、第3章、268-369頁)と言われる。ところが注目すべきことは、啓示のさ中にも神が隠れており、測りがたい本性によって近づきがたい荘厳のうちにいると告げられる点であり、これによって「否定神学」が導き出される。そして神性の絶対的超越性が次のように強調される。

ところでもし神性原理が、すべてのロゴスと知識に優り、知性と存在とを完全に越えたところに位置するとすれば、……それはある限りのすべてのものから、遥かに優越した形で隔絶している。……神のことはそれがどのようなものであれ、自らの原理と根拠に即してみる限り、知性とすべての存在と認識とを越えたものである。……この秘められたもの自体には、知性の活動をすべて放棄することによって初めて精神をそこに向けることができる。神化の力・生命・存在のどれをとってみても、その完全な卓越性によって万物からかけはなれている原因に、正確に類似しているものは決して存在しない(ディオニシオス『神名論』§20・23・55－6、熊田陽一郎訳、145－148頁)。

それゆえに神についてはは否定的にのみ語られざるを得なくなる。これが彼の否定神学であり、「存在を越えた神は呼び求められることなく、名を越えたものとして示され」、神名の叙述のすべてを否定してゆき、無知と沈黙のうちに、語りえない、名のない存在に接近し、「すべての知性的活動を休止させることによって、神化された精神は神を越えた光に合一し得る」(前掲訳書、§21・23、145－146頁)と説かれた。このような神観は被造物から絶対的懸絶を保っている荘厳なる存在であり、神秘的直観によって接近できても、把握することは困難である(ディオニシオスの諸著作の思想が新プラトン主義であるか、あるいはキリスト教であるかについては今日でも意見が分かれている。高橋亘『西洋神秘思想の源流』創文社、153頁参照。ところで、この思想は後年ルターが経験した神「絶対的な神・神自身・荘厳なる神」(Deus absolutus, Deus ipse, maiestas divinae)と類似している。それゆえディオニシオスの神秘神学は彼によって一時的に受容されたが、ルターがこの神を生ける実在として全存在をもって実存的に感得していたのに対し、ディオニシオスは神を理論的に探求し、かつ考察した。それゆえルターはこの神秘神学を思弁的であると解釈し、拒否するようになった)。しかしその思想は中世の神秘主義に流入し、神秘主義的な霊性を形成するに当たって多大な影響を与えた。とりわけこの神秘思想はエックハルトに流入し、思弁的な神秘主義を生み出すようになった。

ルターによるディオニシオス批判

16世紀の宗教改革者ルターもその青年時代にディオニシオスの神秘主義から影響を受けた。修道院の中で彼がディオニシオスから学んでいたことはすでに歴史家によって指摘されている(O. Scheel, Martin Luther. Vom Katholizismus zur Reformator, Bd. II, S. 219. を参照)。彼は当時流布していた神秘神学を高く評価しており、「否定的方法は完璧なもの(perfectissima)である」(WA. 3, 372, 18)と考えていた。なかでも神の絶対的な超越性と理性にとって闇である隠れのゆえに、彼はこの否定神学に引き寄せられていた。確かに被造物から絶対的に隔絶された深淵的な神の表象は否定的にしか語りえないので、神は近寄りがたい存在として捉えられた。この理性の能力を超えた神の「闇」(tenebrae, ディオニシオスでは caligo)は、ルターの「隠された神」(deus absconditus)と根源を等しくしている。『ローマ書講義』では「神の知恵は隠されており、この世にとって知られ得ない」(WA 56,237,20)、また「知られざるもの、隠れたるもの、内なる闇に向ける」(ibid.,374,15-6)と語られ、

「わたしたちの善は隠されており、しかも矛盾の相の下に隠されているように深い」(ibid., 392, 28-9) と言われるとき、ディオニシオスの影響が認められる。しかしその理解は認識の際の思弁的領域に制限されるべきであると考えられる (それをゼーベルクは「生産的な誤解」(produktives Missverstehen. E. Seeberg, Luthers Theologie, Bd. I, Die Gottesanschauung, 1929, S. 144) と説くが、その必要はない)。

ところがルターは元来神を生ける実在として感得しており、単に神秘的に合一され得るものとは考えなかった。したがって彼は若い時代からこの神の超越性を体験的に述べており、最終的には『奴隷意志論』において慎重に説くようになった。この「言葉」を纏っていない「裸の神」(deus nudus) は、理性の能力を越えており、不思議なわざをなすものとして、預言者イザヤにもとづいて「隠れたる神」と呼ばれる。だが、それは「啓示された神」(deus revelatus) との関連において考察すべきであると彼は考えた。したがってイエス・キリストという神への接近を可能にする道から離れて、「神それ自体」(deus ipse) を論じることは「思弁的」な空想になってしまう。それゆえディオニシオスには神に対する畏敬の念が欠如しており、沈黙と無知とを表明しながらも、あまりにも多弁を弄していると彼には感じられた。この受容過程は次の三つの段階をとって展開する。

『第一回詩編講義』(1513 - 5) における限定的な受容　ルターが行った最初の聖書講義『第一回詩編講義』ではディオニシオスの神秘主義は肯定的に受容されているが、それでもすでに批判的な視点が伏在していた。その受容過程は知性の認識力を超えた神の概念について「暗闇」の表象が用いられているところにその影響の跡がしるされる。詩編17・12「神の隠れ家は暗闇である」の講解で彼はディオニシオスに言及しながら次のように述べている。

まず第一に神は信仰のなぞと暗闇の中に住まいたもう。第二に神は近づきがたい光の中に宿りたまい、知性は自分の光を放棄し、いっそう高いところに引き上げられないならば、神のもとに到達することができない。それゆえ福者ディオニシオスは神秘的な暗闇の中に入ってゆき、否定の方法によって超越するように教える（Luther, WA 3, 124, 32)。

精神や知性は自然の光として与えられていても、このような能力を超えている神は認識できず、「闇」であり、同様に「信仰のなぞ」という「鏡におぼろに映った」（Ⅰコリ13・12）理解の状態にある。神が人間の「理解を超えて」おり、認識では理解でき「ない」という否定的事態こそディオニシオスの「否定神学」がここで挙げられている理由である。それゆえ、この第二の暗闇の意味でディオニシオスが引用されていることが明瞭である。

『ローマ書講義』（1515 - 6）　ここでは隠されていた批判が顕在化し、批判が一段と高まり、ディオニシオスの神秘神学を名指しで批判するようになった。

このことは神秘神学にしたがって内なる闇の中に入ってゆこうと努力し、キリストの受難の姿を見捨てている人々のことを言っている。彼らはまず初めに受肉した御言葉によって義とされ、心の眼を清められようとしないで、造られたのではない御言葉（Verbum increatum）そのものを聞いて観照しようと願う。というのは、まず、心を清めるために受肉した御言葉が必要なのであって、清めを得てから遂に受肉した御言葉によって造られたのではない御言葉に向かい拉っし去られる（rapi）。……要するにこの拉致（raptus）は「接近」（accessus）とは呼ばれない（Luther, WA. 56, 299, 27-300, 8）。

ここで言われる神秘神学はディオニシオスのそれである。ルターは神のもとに拉っし去られる神秘的な拉致体験を肯定しながらも、それが受肉した御言葉によってのみ可能であると主張する。彼がディオニシオスの神秘神学を批判しているのは、ディオニシオスが「キリストの受難」を受容していない点であり、キリストによって義とされ心が清められないままで、直接的に神に「接近」しようとすることである。ルターにとって「拉致」とは「信仰の明晰な認識に向かう精神の拉致」（raptus mentis in claram cognitionem fidei）とあるように（Luther, WA 4, 265, 32）、信仰の内部において起こる動きにほかならない。それゆえ「拉致」は神秘主義者が説いている神秘的「接近」ではないといわれる。

批判から拒絶へ

こうしてディオニシオスに対する批判はルターのうちで次第に高まっていって、ついに『教会のバビロン捕囚』(1520)の中でディオニシオスに対する不快感があからさまに表明される。彼は次のように言う。

もしあなたが率直に読んで判断するなら、すべては彼〔ディオニシオス〕による想像であり、夢のようなものではないのか。きわめて無知な或る神学者たちがとても自慢している『神秘神学』では、彼はキリスト者よりもプラトンの徒であるので、確かに危険この上もないから、信仰ある魂がこの書を理解しようと尽力したりすることをわたしは望まない(Luther, WA 6, 562, 4ff.: CL 1, 499, 15-24)。

そこでルターは自分が考える否定神学について語り、否定神学というのは十字架と試練という深淵的な経験を土台としており、単に神が非存在としてしか語れないような内容ではない、と説くようになった(ルター『生と死の講話』金子晴勇訳、知泉書館、83頁参照)。

他方、ルター自身は修道院時代からクレルヴォーのベルナールに私淑し、その花嫁―神秘主義の伝統を受け入れ、人格主義的な信仰によるキリストとの合一を求める「キリスト神秘主義」を確立した。こうした信仰に立つルターの霊と霊性の理解はその著作『マグニフィカト（マリアの讃歌）』の中で十全な形で表明された。彼はそれを先に引用したように「霊・魂・身体」という三分法構成から捉えている（本書22頁参照）。

人間の自然本性を「霊・魂・身体」に分ける人間学の三分法は古代の教父オリゲネス（Origenes Adamantius, c. 185 - c. 254）に発し、エラスムスがこれを受容し、ルターもそれに倣って採用し、人間が霊性によって導かれて初めて理性を正しく使用できると主張する。この三分法は聖書から採用したものであるが（Iテサロニケ5・23参照）、人間の自然的な本性から構成されている点にわたしたちはまず注目すべきである。その霊の特質は「人間の最高、最深、最貴の部分」であると述べられ、次いでそれが「家」であると語られる。さらに「霊」の機能は「目に見えない永遠の事物」を把握することに求められる。なお、それは「家」であってその中に「信仰と神の言葉が内住する」と言われる。つまりこの霊において信仰が神の言葉を聞いてそれを理解するのである。

この「霊」概念は直接的にはドイツ神秘主義者タウラーに由来するが、それはその師エックハルトの「魂の根底」にまで遡ることができる。「根底」というのは魂の上級能力であって、「魂の閃光」とか「神の像」また「諸力の根」と等しく、理性よりも深いところで働く魂の能力である。

それは人間のもっとも高貴で深淵な部分を指す。さらにそれは宗教的意味をもたされ、感性や理性を超える霊性の次元を表現するために用いられた（金子晴勇、前掲書、119－134頁参照）。

したがってルターでは理性が信仰内容を合理的に解明し、知識を組織的に叙述していくのに対し、霊性は理性によっては把握しがたいキリスト・神・神性との信仰による一体化をめざしている。しかし、この理性と霊性との関係は、理性が霊性によって生かされている限り理性活動に誤りは生じないと説かれた。ここからわたしたちに自然本性的な所与として与えられている霊は信仰と深く関わっており、ときには両者は交換可能な概念として用いられ、霊性がその信仰によって神の言葉を捉えうる機能として理解された。このようにルターは霊性を理性と区別しながらも、同じく両者が自然の機能であると認めながらも、同時に霊性が信仰を通して神の言葉を受容する作用として捉えている。したがって霊性は自然的な機能でありながらの、超自然的な神の言葉を受領する信仰でもある。こうして霊性は自然神学の基礎として認めながらも、同時に啓示神学とも信仰によって関わっている。この二重機能が後述のキリスト教と仏教との霊性の比較ではきわめて重要な視点をなすことになる。

第4章　日本仏教における霊性思想の創造

一般的に言って日本人は自分のまわりの自然世界と自己を一体化させており、この現象する世界の外に絶対神をたてたり、イデアの世界を認めたりすることなく、この周囲に見られる現象世界をそのまま肯定する傾向が強いように思われる。その結果、宗教心も自然の中に神性が宿っていると見なすアニミズム的世界観にもとづいている。したがって日本人は現象世界を超越するような傾向がなく、あるがままに受け入れる傾向が強い。これはもともとアニミズム的世界観に由来するもので、自然世界に行き渡っている生命を実感するものである。それゆえ日本人の宗教心が一般的に無常から発しているのも、この自然観に由来していると思われる（磯部忠正『「無常」の構造』講談社現代叢書、１９７６年、83頁以下を参照）。だがそれに加えて、日本の宗教には絶対者と合一して超能力を発揮するシャーマニズムの傾向が認められる。この傾向は空海《くうかい》（774 - 835）の即身成仏の教えに明瞭に表れており、彼自身はもともと山岳修行者であり、その山岳宗教が密教と一体になって修験道を発展させたと言えよう。

ところが、この空海が日本仏教の中でもっとも重要な存在であって、日本仏教の代表的な思想家が一般に法然《ほうねん》（1133 - 1212）や親鸞《しんらん》（1173 - 1263）、また道元《どうげん》（1200 - 1253）や白隠《はくいん》（1686 - 1769）として認められているとしても、彼らに対する空海の影響が絶大であったことに疑問の余地はない。ところがこの空海の特長は密教であって、これまで説かれてきた大乗仏教の根本原理である無我の境地、つまり自我を否定する無我の教えよりも、冥想のなかで自我がこの宇宙的な大日如来《だいにちにょらい》（真言密教の教主である仏であり、密教の本尊。）と一体化することによって自我も絶対性を獲得できると説かれた。そこには自我否定よりもウパニシャットにみられる、ブラフマン（宇宙の原理）とアートマン（自我の原理）の一致という根本思想があって、永遠の宇宙的実体との合一が説かれるようになった（金岡秀友『日本の神秘思想』講談社学術文庫参照）。この空海の密教にはヨーロッパの神秘主義が説いた「神秘的合一」（unio mystica）と類似する霊性思想が認められる。この思想はやがて鎌倉仏教における霊性の覚醒に大きな影響を及ぼしたといえよう。

空海の霊性思想

空海の中心思想である即身成仏の教えは、『即身成仏義』にもっとも簡潔に説かれている。それによると即身成仏とは、文字どおりこの身のままで悟りをひらいて仏となることであって、これが密教では修行によって実現をめざす目的である。この点をこの書は説き明かしている。一般に大乗仏教では世界の本質を「空」として捉えるのに対し、ここでは物質および精神の具体的・現象的事実の世界がそのまま根源的原理として認められ、それが大日如来の法身《ほっしん》（本質的なあり方）とされる。人間の自我もそのような世界の一部であるから、初めから本来的に仏そのものであるが、修行とはそれを自覚していく過程であるということができる。顕教《けんぎょう》（密教からみて、密教外の仏教のもろもろの教えをさす語。）では、法身は非人格的な真理そのものとしての仏の本質を指すが、密教では法身がそのまま大日如来として人格的な活動をなすと説かれた。この仏の働きは身・口〔語〕・意〔心〕のはらき、つまり三業と呼ばれるが、一般常識を越えているがゆえに「三密」といわれる。この働きと人間の働きが一致することが「加持《かじ》」と呼ばれ、「身に印契《いんげい》を結び、口に真言を唱え、心が三昧に住すれば、そこに自我と仏との合一、すなわち、事実体験としての即身成仏が完成する」（末木文美士《すえきふみひこ》『日本仏教史——思想史としてのアプローチ——』新潮文庫、1996年、114頁）。

空海の教えは晩年の作『秘密曼荼羅十住心論《ひみつまんだらじゅうじゅうしんろん》』十巻で「十住心」として理論的に体系化された。それは外道（仏教外の思想）からはじまり、仏教内の諸宗の教理に浅深の段階をつけて検討され、自説を組織的に展開させた野心的な試みでもあった。その十段階を簡単にみてみよう（以下の叙述は末木文美士、前掲書、116－118頁に拠る）。

（1）異生羝羊心《いしょうていようしん》——凡夫の心が羊のように愚かなこと。六道（衆生がその業によっておもむく六種の世界。）に輪廻している迷いの状態。さまざまな誤った仏教以外の外道。

(2) 愚童持斎心《ぐどうじさいしん》――愚かな子供が斎戒《さいかい》（心身の清め。）を保つようになった状態。世俗的な倫理道徳の立場。儒教など。

(3) 嬰童無畏心《ようどうむいしん》――いまだ子供のような状態であるが、悪道へ堕ちるおそれはなくなった状態。善行による生天《しょうてん》（天界に生まれること。）を信ずる段階。以上の三つは仏教以前の世俗の状態。

(4) 唯蘊無我心《ゆいうんむがしん》――ただ五蘊〔世界構成要素〕のみが実在し、実体的な自我は実在しないと信ずる段階。小乗の声聞《しょうもん》（仏の説法を聞いて悟る人。）に相当。

(5) 抜業因種心《ばつごういんじゅしん》――十二因縁を観じて、業の苦しみや無明の種子を抜き去る段階。小乗の縁覚に相当。

(6) 他縁大乗心《たえんだいじょうしん》――他の衆生のことをも心にかけるから、「他縁」（他者とのめぐりあわせ。）である。大乗の最初の段階。法相宗に相当。

(7) 覚心不生心《かくしんふしょうしん》――一切の存在は不生不滅であると悟る段階。三論宗に相当。

(8) 一道無為心《いちどうむいしん》――唯一絶対の立場にたって、因縁造作（有為）を超えた段階。天台宗に相当。

(9) 極無自性心《ごくむじしょうしん》――顕教としては究極の段階で、一切の存在の無自性を悟る。華厳宗に相当。

(10) 秘密荘厳心《ひみつしょうごんしん》――密教の立場。

これらの段階の中で、前9段階が顕教で、最後の第10段階のみが密教であるが、そこではあらゆる存在が煩悩《ぼんのう》も悪も迷いもうまず、すべては大日如来の現れにほかならない。これらの前9段階も密教的真理の現れとみなし、巧みに他の諸宗ばかりか世俗の道徳までもその体系のなかに組み込まれる。

この教説はキリスト教の神秘思想、なかでもキリストとの一つとなる霊性思想と比較することができる。もちろん密教の教主大日如来はキリスト教の世界創造神ではない。だが永遠者である如来の姿を宇宙法界がそのまま象徴する。この大日如来は真言の実践者としての心のうちに内在しており、金剛薩埵《こんごうさった》と呼ばれる。したがって人間の純粋な心である信心を開化させることによって我即大日《われそくだいにち》を実現させることができる。キリスト教は三位一体の働きによって救いを実現させているが、空海の思想においては金剛薩埵を媒介とする我即大日によって実現することができる。ここには原罪とかキリストの贖罪《しょくざい》という思想がないが、それに相当するものが菩提心《ぼだいしん》（悟りを求める心のこと。）であり、精神の無限の発展によってそれも可能となる。この発展を説いたものが第一住心より第十住心までの歩みなのである。

この究極の第10の住心である秘密荘厳心は第一より第九に至るさまざまな住心として、相対化されて顕現しているものであるから、相対的な住心はそのまま絶対の第10住心の相を現している点では絶対なるものである。これは宮坂宥勝《ゆうしょう》（1921 - 2011）によると、まさに絶対知が相対知として現象化されるという、ヘーゲルの『精神現象学』において展開する「意識の経験の学」に対応するものである（宮坂宥勝『密教世界の構造』242頁）。彼は言う「人間の自覚体系である仏教では、創造者としての超越的神の存在を説かない。その点、初期仏教以来のオーソドックスな流れにおいては、厳密にいって仏教は無神論である。神話的要素が教義の根幹をなすキリスト教信仰を背景としたヘーゲルの精神現象学と、人間の自覚体系としての十住心体系との根本的な相違を、ここに認めることができるであろう」（前掲書、243頁）。このような空海の神秘思想はその後の仏教に多大な影響を残すことになった。

鎌倉仏教の特質

次に日本仏教における霊性の創造と特質は鎌倉時代に栄えた浄土教に求めることができる。その教えの本質は、実は「この世が穢土《えど》だから往って彼土《かのど》で浄き生活ができる」と説く浄土思想にあるのではなく、宗教的な信仰のなかに働く「霊性」にあるのではなかろうか。法然は徹底した阿弥陀仏への信仰に生きた。弥陀の他力は、善いわざとしての善行に捕らえられている人には見られず、そのためには絶対他力で超因果の世界を身をもって体験しなければならない。ここに霊性思想が開花する。こういう思想は法然において初めて説かれるようになった。彼は『勅修御伝《ちょくしゅうごでん》』すなわち『法然上人行状』とも『勅修法然上人伝』とも言われる書の巻26で、甘糟太郎忠綱《あまかすたろうただつな》（法然に帰

（依して往生をとげた御家人）のために弁じて次のように説いた。

弥陀の本願は機の善悪を言わず、行の多少を論ぜず、身の浄不浄を選はず、時処諸縁を嫌わざれば、死の縁によるべからず。罪人は罪人ながら、名号を唱えて往生す、これ本願の不思議なり。弓術の家に生まれたる人、たとい軍陣に戦い、命を失うとも、念仏せば本願に乗じ、来迎に預からんこと、ゆめゆめ疑うべからず（鈴木大拙、前掲書、57頁）。

この文章には「罪人は罪人ながら名号を唱えて往生す、これ本願の不思議なり」という絶対他力の教えが説かれている。また親鸞は法然のもとで他力の大義を悟り、それを徹底していった。彼は法然と同時に流刑を受けて北国に流され、関東に漂泊しながら霊性思想を豊かに説くようになった。地方における生活、大地に親しむ生活は、彼をして弥陀の大悲をいよいよ深く自覚させた。浄土往生は、あってもよし、なくてもよいのであって、弥陀に由来する光の中に包まれているという自覚があれば、それで足りる。念仏はこの自覚から起こっているのであって、念仏から自覚が出るのではない。

仏教の諸宗派と日本国民との結びつきについて一般に「天台は宮家、真言は公卿、禅は武家、浄土は平民」と言われている。ここには日本における仏教諸派がどのような階層の民に受容されたかが見事に表明されている。実際、天台と真言は儀礼を重んじる宗派であって、儀式が複雑で、しかも華麗にして絢爛であるから、上流階級に適していた。それに対し浄土宗は信仰と教義が極めて単純であるから、平民の要求にかなっている。禅は究極の真理に至る道をもっとも直接な方法によって確立したが、それでも異常なほど大きな意志力を求める。それゆえ、こうした意志力を鍛え、かつ、それを備えた武士階級に適していた。しかも同時に禅は知性的であって、最終的には直覚によって決断する果断さが求められるがゆえに、武断政治を実行した武士によって受容された。さらに禅の修業は単純・直裁・自侍・克己的であり、この戒律的な傾向が戦闘精神とよく合致する。また一般に認められているように、立派な武人は総じて禁慾的な戒行者か自粛的な修道者であって、公家階級と提携した平氏に反抗して立ち上がった源氏とその後ろ盾であった北条氏は、このように禁欲的で武断的であった（このことは蒙古の来襲という国難を乗り切った北条時宗〔1251-1284〕によって典型的に示される。彼は弱冠18歳で政治を引き継ぎ、1268年から1284年までの執政の職にあって、歴史上最大の難局を克服した。この人物は政治家として優れていただけではなく、その精神的修養を禅匠の許で、とくに仏光の許で積んでいた。国難を担った時宗を仏光師が精神的に支えたと伝えられている）。

鎌倉時代における法然と親鸞の登場は日本仏教の霊性史上に新しい発展をもたらし、実にヨーロッパ16世紀の宗教改革者ルター（Martin Luther, 1483 - 1546）とカルヴァン（Jean Calvin, 1509 - 1564）

に比せられる。事実、鎌倉時代になって初めて日本人は宗教における霊性の意義を完全に理解するようになった。仏教が広く民衆の生活にまで浸透するには鎌倉時代に活躍したこれらの改革者たちを待たねばならなかった。ここで開拓された霊性思想は、日本文化を比類なく高めただけでなく、後世への影響はまことに甚大であった。ここでは彼らの霊性思想の特質を幾つか指摘するにとどめたい。

この時代には平家の没落が起こり、世界と人生のはかなさが一般に強く感じられた。鎌倉時代の軍記物語である『平家物語』は仏教的な無常観を基調にした叙事詩的な語り口で詠われた。その冒頭の一句はとくに有名である。

祇園精舎《ぎおんしょうじゃ》の鐘の声、諸行無常の響あり、娑羅双樹《しゃらそうじゅ》の花の色、盛者必衰《じょうしゃひっすい》のことわりをあらわす。奢れる人も久しからず、ただ春の夜の夢のごとし。たけき者もついには滅びぬ、ひとえに風の前の塵に同じ。

この言葉はいつの時代にも当てはまるであろうが、『平家物語』の冒頭にあるために深遠なる意味をもった。というのも華やいだ平安文化の残響を伝える平家の武家政治が終息して、実に鎌倉時代になってから初めて、日本人は世界と人生に対する悲哀の念を痛切に感じたからである。

法然の霊性思想

法然は平安時代に美作国《みまさかのくに》（現在の岡山県北部）の豪族の子に生まれた。その父は法然が9歳のとき、同じ荘園の武士の夜討ちにあって殺された。父は法然に、苦しい息の下で、復仇《あだうち》を考えないで仏門に入って菩提を弔うように遺言した。そこで彼は15歳になると比叡山にのぼり、4年後、黒谷の慈眼房《じげんぼう》叡空《えいくう》（?-1179）のもとで浄土教を学び、「知恵第一の法然房」と呼ばれた。彼は源信の『往生要集』と中国の善導《ぜんどう》（613-681）から大きな影響をうけ、善導の著作に導かれて口称《くしょう》名号の念仏（仏の名を声に出して称える行法。称名念仏ともいう。）を唯一の救済条件とする専修念仏を説くようになった。

専修念仏とは、念仏の行のみを修めて、他の行を捨て去ることを意味し、これまでの念仏の行を批判し、救済の手続きを単純化し、万人に救済を授ける宗教を確立した。法然は『撰択《せんじゃく》本願念仏集』で、極楽往生を心から願う者はすべて救済されるという阿弥陀仏の第18願を根拠に、念仏とは貧しい者、愚かな者に往生の望みをとげさせるための弥陀の本願であると説いた。法然は、民衆の救済として念仏を自覚的にとらえ、そこに救済論の基盤を置いた（この著作は叡山下山後23年目に撰述したもので、弟子の聞き書きであり、法然が思いつくままに宗教的信念を吐露したもので教理の体系的叙述ではない）。

彼が学んだ『大無量寿経《だいむりょうじゅきょう》』によれば、阿弥陀仏は、まだ法蔵菩薩であったとき、すべての人を救いたいという48からなる願をたてた。そして長い間の修行の後、その願は成就され、仏となった。この願のうち特に重要なのは第18願である。その内容は次のようである。「たとい、われ仏となるをえんとき、十万の衆生、至心に信楽して、わが国に生まれんと欲して、乃至十念せん。もし、生れずんば、正覚を取らじ。ただ五逆（の罪を犯すもの）と正法を誹謗するものを除かん」（『浄土三部経』〔上〕中村元・早島鏡正・紀野一義訳註、岩波文庫、136頁、「たとえわたしが仏になれるときがきたとしても、多数の人間が極楽浄土に往生したいと願って心から信じ、十遍念じた者が一人でも救われないというようなことがあったなら、わたしは決して仏の悟りを得ることはないだろう。ただし極めて罪の重い父母殺しや仏を傷つけるという五逆罪や、正しい仏の教えを誹謗した者は別である」）。要約すれば「阿弥陀仏を信じ、その国に生まれようと願って、十回念仏するだけでも生まれることができる」というのである。

この阿弥陀仏の第18願の成就を先に述べた善導は「十遍の念」を「称名」と理解し、常日頃に阿弥陀仏の名号をとなえる者は、この第18願にかなっているから、必ず極楽浄土に往生させてもらえると解した。そして法然の開眼とは、まさに阿弥陀仏の御名を熱心に唱えるものは誰でも間違いなく、弥陀の慈悲に救いとられ、極楽浄土に往生するという信仰への目覚めにほかならなかった。これが彼の霊性思想の出発点となった。

彼は称名念仏（口に仏の名をとなえ、心の内に仏を念ずること。口称念仏ともいう。）を絶対的な善として定義づけ、それを従来の仏教が示した一切の善根功徳に優るものを見なし、これまでの宗教倫理の無効を宣言し、従来の仏教からみれば、完全に救いがたいと信じられていた人間をも救おうとした。彼は『選択本願念仏集』で念仏を「極善最上の法」とし、「極悪最下の人のために、極善最上の法を説くところなり」（「極悪の人間に向かって、最高の教えである念仏を広めるのです」『法然全集』第2巻、265頁）、と言う。

ところが法然の易行往生《いぎょうおうじょう》という考え方の本質は、称名の容易さにあるのではなく、救済のための倫理的条件を撤廃することにある。「それ念仏往生は、十悪五逆をえらばす」（『法然全集』第3巻、681頁）、つまり「念仏往生は、どんな罪深い人をも排除しない」と主張する。それどころか「わがこの身は、戒行において一戒をもたず、禅定において一もこれをえず、智慧において断惑証果《だんわくしょうか》の正智を得ず」（同上、459頁。「我が身は一つの戒律も守れず、一度たりとも深い瞑想を体験できず、迷いを断ち切るような正しい智恵すら獲得できないでいる」）とまで徹底的に自己否定を貫いた。彼はただ闇のなかで苦悩している凡夫をその苦悩から解き放し、浄土往生へと導くことをめざしたのであった。

彼は、末法の世の救済には難行苦行も多額の喜捨も必要なく、各自がその生業《なりわい》に励みながら、つまり武士は武士、農民は農民として極楽往生できることを説いた。こうした仏陀一物の信仰は、実に徹底していたがゆえに、一神教的な救済信仰の特徴を帯びてきた。法然はまた自分の信仰のあり方、つまり霊性を語るのに「聞く」聴覚を重視した。それはパウロと同じであって（パウロは「実に、信仰は聞くことにより、しかも、キリストの言葉を聞くことによってはじまるのです」（ローマ10・17）と言う）、人が聞くためには心を空しくし、自己主張を抑えなければならない。空になった心には阿弥陀仏の声が澄んでさやかに聞こえてくる。このことを彼は次のように歌っている。「あみた仏と心はにしにうつせみの　もぬけはてたるこえそすすしき」。「にしに」とは西方浄土を意味する。「うつせみ」とは「空蝉」（蝉の抜け殻）のことで、魂が抜けた虚脱状態を言う。そこには信心によって空蝉のように心身脱落した心の「涼しさ」が認められる。この「涼しさ」とは音声がさえて聞こえる「さやけさ」である。確かに「空蝉」の声が「涼しい」とは字義的にはおかしな表現だが、これを理解するためには法然の易行往生か親鸞の「悪人正機説」かを参照すべきである（ルターの信仰義認論では、信仰者をキリストの花嫁として描くとき、その姿を貧しく、みすぼらしい、見る影もない賤婦に求めた。自己の貧しさを知った者にして初めてキリストを信じるからである）。

親鸞の霊性思想

親鸞は1173年（承安3年）に京都郊外の宇治の農村に生まれ、都を舞台とする源平の争乱を眼のあたりにしながら育ち、9歳で比叡山にのぼり、雑役を務める堂僧として20年間研鑽を続けた。やがて法然の新しい救済の教えに心をひかれた彼は、29歳のとき比叡山を去った。彼は法然に5年間仕えたが、「もし法然上人にだまされて念仏し地獄に堕ちてもけっして後悔しない」という心境であった。だが彼は法然の高弟として34歳で専修念仏の弾圧(法然や親鸞らが流罪となった事件。)に連坐した。老いた師に別離を告げた親鸞は、僧の身分を奪われ、配所の越後に下った。20年を越す東国の生活で彼はしだいに法然の立場を乗り超えて発展していった。法然は善根を積み、数万遍の念仏を重ねることによって極楽往生に達することを保証した。だが親鸞は農耕生活のさ中にあって労働に徹することによって自己の限界を自覚した。彼はその身辺に救済を願いながら、重い年貢の取り立てに追われ、労働に苦しみ、生きるためには殺生を重ねなければならない人たちに囲まれていた。彼らには善根《ぜんこん》を積み財物を布施する力もなく、無数の念仏を重ねる時間もなかった。それに加えて飢饉に見舞われたり、はやり病に襲われたりして、村が全滅することもしばしばであった。こうした衆生《しゅじょう》(生命のあるすべてのもの。)こそ救われなければならない人たちであった。

親鸞は「浄土三部経」の中の「無量寿経」に説かれている「阿弥陀仏の48願」を、三つの願に集約し、第19願から入って第20願に至り、さらに第18願に到達するという「三願転入」の教義を体得した。その第18願とは、既述のように人間はすべて心から極楽往生を願えば救われるという意味の仏の約束である。それゆえ親鸞はすべての人が救済されることを約束する阿弥陀仏にすべてを任せて、唯一回の念仏によって救われるという確信に到達した。こうして生きるために殺生の罪を重ねなければならない「悪人」こそ、誰よりも救われなければならない、と説いた。これが「悪人正機」という親鸞の新しい教えである。ここから生まれた親鸞の霊性思想の特質を『歎《たん》異抄《にしょう》』の中から探ってみよう。彼は言う。

弥陀の五劫思惟《ごこうしゆい》の願をよくよく案ずれば、ひとえに親鸞一人《いちにん》がためなりけり。

これは「総結」に記されている親鸞の絶えず口にしていた言葉であり、「親鸞一人」に端的に現われている宗教性に注目したい。阿弥陀仏が法蔵菩薩として修業中、衆生救済のために48願を立てたが、その前に五劫の長きに亙って思案に思案を重ねて誓われた本願はよくよく考えてみると自分一人のためであった、と語られる。「私のため」(pro me)という実存的自己の自覚がここにある。この自己は「罪悪深重《ざいあくふかじゅう》、煩悩熾盛《ぼんのうしじゅう》の衆生」(第1条)と言われる生き方を内実としているが、それを我が身一個に集中して捉える。これはパウロの「罪人の頭」としての自己認識である。霊性はこのような罪性の徹底的な認識とともに発動する。したがって、この「一人」という個人は親鸞個人であって同時に霊性における超個人でもあると、大拙は次のように解釈する。「超個己の人——この場合では弥陀の本願——は、いつも個己の霊性を通して自己肯定を行ずるものである。これが〈ひとえに親鸞一人がためなりけり〉の体験である」と。しかし、これではやはり禅宗の立場からの解釈である。親鸞は念仏の他に救いはないと地方から集まった人々に語ってから、「詮ずるところ、愚身の信心におきてはかくの如し。この上は、念仏をとりて信じ奉《たてまつ》らんともまた捨てんとも、面々の御はからいなり」（第2条）と述べて、一人一人の決断に委ねた。

親鸞の中心思想は如来の本願に対する絶対信仰であって、その他の仏教の所説には一顧も与えない程にまでそれは徹底していた。彼の念仏が徹底していたということは、念仏が生活の全体に貫かれていたという意味である。彼は今までの清浄な生活に甘んじないで、人間の一般的生活の全体の上に念仏を活動させるために、「肉食妻帯」に踏み切った。聖道門《しょうどうもん》と浄土門《じょうどもん》との相違は妻帯か否かではなく、生活の全体に中で仏の恩を感じ、大地にまで信仰を降ろして根付かせることであった。

親鸞の悪人正機説は霊性的思考である。こう説かれた「善人なをもて往生をとぐ、いはんや悪人をや。しかるを、世のひとつねにいはく、悪人なをもて往生す、いかにいはんや善人をやと。この条、一旦（一応）そのいはれあるににたれども、本願他力の意趣にそむけり」（第3条）。ここには因果応報説は否定されて、悪なるがゆえに善が報いられるという「逆対応」の霊性論理が説かれた。

親鸞は1224年ごろから、『教行信証《きょうぎょうしんしょう》』の著述に着手した。この著作で彼は阿弥陀仏の力で浄土往生した者が、ふたたびこの世にもどって衆生を救済する還相回向《げんそうえこう》を強調し、その教えは東国に残した門徒たちを教化するためであった。そこで親鸞における「信」（信心）についてのみ言えば、それは決して単なる「ただ信ぜよ」ではない。その「信」は「ただ念仏して、弥陀に助けられまいらすべし」と信ずることである。その内容は「本願」、つまりは阿弥陀仏の願いとその現実的な働きを「聞いて」信ずることである。親鸞は言う、「仏願の生起本末を聞きて疑心あることなし、これを聞といふ」（親鸞『教行信証』信巻、岩波文庫、251頁）と。これが親鸞の言う「聞信」（聞いて信じる）という霊性の作用にほかならない。

この著作では「三願転入」が中心思想として説かれた（三願転入について武内義範、石田慶和共著『親鸞』「浄土仏教の思想 9」講談社、177—182頁参照）。「三願」とは先にも指摘したように弥陀の48願のうちの「第18願」、「第19願」、「第20願」を意味する。「転入」とは第19願「修諸功徳《しゅしょくどく》の願《がん》」の立場と第20願「植諸徳本《じきしょとくほん》の願」を親鸞は求道の過程で経歴して、いまや第18願「至心信楽《ししんしんぎょう》の願」の段階に転入したことを意味する。これらの段階は、宗教的精神である霊性の三段階として、倫理道徳を含む宗教的実践を行う段階と内在的宗教の段階、さらに超越的宗教の段階に相当するものであり、それぞれの段階の精神が自ら矛盾撞着に直面し、より高い段階へ深化向上してゆく過程を語るのが「三願転入」の意味である（これを指摘したのは武内義範『教行信証の哲学』〔隆文館『現代仏教名著全集』第六巻所収〕である。そこには人間の宗教的生の深化が見られる。彼はヘーゲルが『精神現象学』において「感覚」から「絶対知」にいたる意識の発展過程を捉えたように、親鸞が「化身土巻」

において人間の精神の歩みを叙述したと見なす)。

そこには不純な信から純粋な信へと高まる宗教的生の発展段階が説かれる。したがって親鸞は人間の宗教的意識がたどる三つの形態として、「観想的・倫理的段階」(第19願)、「内在的宗教の段階」(第20願)、「歴史的超越的宗教の段階」(第18願)を立てた。そして人間の宗教的意識が超越する過程を、人間が内に秘めている有限性と罪性を自覚し、超越していく過程として考察する。ここに霊性の歩みが確実に捉えられた。

したがって親鸞にとって、この本願の存在と働きかけこそが、あらゆる人間を、とりわけ罪悪深重の凡夫をも含めた一切衆生を救い、助ける究極的な原理であり、根拠であるとして確信され、受領された。これが「他力」の働きの姿である。『歎異抄』の冒頭では次のように言われている。「弥陀の誓願不思議にたすけられまゐらせて、往生をばとぐるなりと信じて、念仏まふさんとおもひたつこころのおこるとき、すなわち、摂取不捨の利益にあづけしめたまふなり」(第1条)と。しかもその「他力」の働きは、現にすでにわれわれのうちに現れており、この「念仏申さんと思い立つ心」、あるいはそれによってまさしく「念仏申すこと」、その「行」が、すでに「他力の行」すなわち「大行」であるばかりか、そのように信ずる「信」そのものすらが仏によって与えられた「他力の信」である、と親鸞は捉えた。

こうして称名念仏に信仰の核心をおく親鸞は、一神教的な阿弥陀仏のほかには神や霊の信仰を認めなかった。親鸞は、神や霊の存在を否定しなかったが、そのための祭りや呪術祈祷、日柄や方角の吉凶をきびしく斥けた。念仏以外の外道、雑行雑修を認めず、いっさいの多神教的な信仰や呪術を許さない親鸞の立場は、救済の宗教として内面的に徹底していた。親鸞は称名念仏を教え、絶対他力、悪人正機を説き、呪術を斥け、一神教的な阿弥陀仏の信仰を厳格に守ることによって、その教えは広く農民と下級武士の間に広めた。

親鸞の霊性思想は「念仏によって、浄土に往生すること」を目指す教えである。ここでいう念仏とは「南無阿弥陀仏《なむあみだぶつ》」と言って仏を心に念じ、その名を口で称えることである。「南無」とは帰《き》依《え》することを言う。そこには阿弥陀仏に対する絶対的な帰順《きじゅん》（反逆の心をあらためて服従すること。）と信頼が表明される。彼は晩年になると、自然法爾《じねんほうに》の思想、つまり人為を捨てて仏に任せきる生き方を説き、すべてのものごとは、仏の誓いのままに、是非善悪も形も超えた絶対の真理に到達するとの思想を懐いて、90年の生涯を閉じた（彼は初め北大谷に葬られたが、12年後に西吉水に改葬され、廟所には堂をつくって親鸞の画像を安置し、娘の覚信尼《かくしんに》が住んだ。これが本願寺の起源となった。最晩年の親鸞には、関東、東北、北陸、京都を中心に50人を越す直接の弟子がいたが、親鸞は、みずからの罪ふかい一生を顧みて「遺体は灰にして賀茂川に捨てよ」と遺言したと伝えられる）。彼は、生涯、ひとつの寺院ももたず、新しい宗派を開く意志もなかったが、その死後、関東の門徒たちを中心に、高田派、曽根派、鹿島派等の小集団が育っていった。

道元の霊性思想

日本仏教における霊と霊性の特質は、仏教の経典にある「三心」や「仏性」で捉えられるのではなかろうか。仏典はさまざまな仕方で三心について言及する。例えば、長阿含経《じょうあごんきょう》では三学のことが三心といわれ、維摩経仏国品《ゆいまきょうぶっこくほん》では、直心《じきしん》・深心《じんしん》・菩提心《ぼだいしん》（大乗心）の三心が列挙され、『大乗起信論』では、真如《しんにょ》（「あるがままであること」という意味があり、真理のことを指す。）の法を正しく念ずる直心、一切の善行を集めるよう願う深心、衆生の苦を除かんと欲する大悲心という三心が述べられ、金光明経《こんこうみょうきょう》では、凡夫の除き難い心として、起事心・依根本心・根本心の三心が説かれる。その中でもっとも流布した重要なものは、観無量寿経で説く三心が挙げられる。この三心とは、浄土に往生するために起すべき三種の心のことで、同経では「もし衆生ありて、かの国に生まれんと願う者、三種の心を発《おこ》さば、すなわち往生す。なにらか三となす。一には至誠心とは、二には深心とは、三には廻向発願心《えこうほつがんしん》なり。三心を具する者は、必ずかの国に生まる。」と説かれる。

浄土教の展開はこの経文を深く読みこむことによって起こったとも言いうる。だが三心の解釈は一様ではないが、善導は、〈至誠心〉を三業による観仏《かんぶつ》、〈深心〉を真実の信心、〈廻向発願心〉を一切善根の廻向による往生の願と解した。また法然は、無量寿経の第18願における至心・信楽・

欲生の三心を観無量寿経《かんむりょうじゅきょう》の三心にあてた。こうして維摩経や『大乗起信論』の三心に観無量寿経ないし無量寿経の三心を結びつけ、複雑な解釈を施すに至る。「三心まちまちにわかれたりといへども、要をとり詮をえらびてこれをいへば、深心ひとつにをさまれり」〔三部経大意〕（岩波『仏教辞典』320－321頁参照）。

そこで三心や仏性によって道元の霊性思想の特質を指摘してみよう。

道元は１２００年に生れ、24歳のとき宋国に渡り、天童山の如浄禅師と出会い、嗣書《ししょ》を授与されて28歳で帰国した。身心脱落《しんじんだつらく》、脱落身心が如浄禅の骨髄であり、それへ参入する道はひたすらに坐禅する「只管《しかん》打坐」である。道元はこの訓戒を一生を通して守った。

道元ほど世間と出世間、在家と出家、俗と僧とを厳密に区別した人は稀である。出家することは世俗と全く違う世界へ入ることを意味する（道元『正法眼蔵随聞記』）。したがって出家《しゅっけ》や出世間《しゅっせけん》は僧たるものの根本条件である（『正法眼蔵随聞記《しょうぼうげんぞうずいもんき》』５・７；『正法眼蔵』第82「出家」）。「僧」はもともとは僧侶で、「侶」は仲間を意味する。即ち出家集団が僧侶であり僧であった。出家遁世し、名利や世俗的な煩悩から離れて道心を求め、生死の苦から解脱《げだつ》することを願う集団が僧侶であった。

こういう精神に立って道元は「捨つ」「離る」「捨棄」という言葉を繰り返し使っている。たとえば「仏〔釈尊〕の一期〔一生〕の行儀を見れば、王位を捨てて山林に入り、学造を成じて後も一期乞食すと見えたり。律〔摩訶僧祇律〕に云く、家、家にあらずと知りて捨家出家すと」（道元

『正法眼蔵随聞記』5・7)。また「離る」について「ただまさに家郷あらんは家郷をはなれ、恩愛あらんは恩愛をはなれ、名あらんは名をのがれ、利あらんは利をのがれ、田園あらんは田園をのがれ、親族あらんは親族をはなるべし。名利等なからんも又はなるべし。すでにあるをはなる、なきをもはなるべき道理、あきらかなり」(道元『正法眼蔵』第30「行持」)とある。その中でも「すでにあるをはなる、なきをもはなるべき道理、あきらかなり」とあって、名利《みょうり》等から離脱したことをもさらに離脱せよという。有から離れて無に入ったとしても、その無に執著し、束縛されてはならない。それゆえ「無からもまた離脱せよ」と言われる。

道元はまた「放下《ほうげ》」(無我の境に入ること。)という言葉を使って「学道の人、身心を放下して一向に佛法に入るべし。思ひきり、身心倶《とも》に放下すべし」(道元『正法眼蔵随聞記』4・1)と言う。それは只管打坐、坐禅によってのみ実現する。このような発心《ほっしん》(出家して仏門に入ること。菩提心を起こすこと。)や発道心もしくは発菩提心こそ道元の説く霊性にほかならない。

その際、仏法や道理や戒律に「任す」こと、また「任せて従う」ことの重要性も指摘される。この「任す」霊性は「自ずからなる歩み」という意味でも使われる。彼は言う「道を道にまかすとき、得道《とくどう》す。得道のときは、道かならず道にまかせられゆくなり。財のたからにまかせらるるとき、財かならず布施となるなり」(道元『正法眼蔵』第45「菩提薩な四攝法」)。

さて仏性とは衆生が本来有しているところの、仏となる可能性と解される。そこから仏の家に生れたものが共通にもっている素性の意ともなる（その所有者が菩薩）。また、将来成長して仏となるべき胎児の意味でもある。仏性の語は大乗の涅槃経で「一切衆生悉有仏性」の句で表現されたものを初出とする。簡単に言うと凡夫や悪人といえども所有しているような仏心〔慈悲心〕である。この仏性がすべての衆生に有るのか、一部それを持たない衆生〔無性、無仏性〕も存在するのかをめぐって意見がわかれる。道元は『正法眼蔵』仏性編で「草木国土これ心なり。心なるが故に衆生なり。衆生なるが故に仏性有り」と説く。これは仏性が万物に宿るとする理解である。このような仏性論の特質は「生死《しょうじ》」編に求めることができる。そこには「生死は仏の御いのち」と題して次のように語られる。

この生死は、とりもなおさず仏の御いのちである。これを厭《いと》い捨てようとするならば、それはとりもなおさず仏の御いのちを失うこととなるであろう。だからとて、そこに止まって生死に執著すれば、それもまた仏の御いのちを失うこととなる。仏のありようにこだわっているからである。厭うこともなく、慕うこともないようになって、その時はじめて仏の心に入ることができるのである。だが、その境地は、ただ心をもって量ってみたり、あるいは言葉をもっていってみたのでは入ることはできない。ただ、わが身もわが心もすっかり忘れはなち、すべてを仏の家に投げいれてしまって、仏の方からはたらきかけていただいて、それにそのまま随ってゆく、その時はじめて、力もいれず、心をもついやすことなくして、いつしか生死をはなれ、仏となっているのである（道元『正法眼蔵』第92「生死」）。

このような仏の働きを受けて、それに従う受動的な機能は霊性に特有な機能である。したがって、この霊性の機能を理解すれば仏性はたやすく実現することができる。そこで道元は続けて言う。

思うに、仏となるには、ごくたやすい道がある。それは、もろもろの悪事をなさぬこと、生死に執著する心のないこと、そして、ただ、生きとし生けるものに対してあわれみを深くし、上をうやまい、下をあわれみ、なにごとを厭《いと》うこころもなく、またねがう心もなく、つまり、心に思うこともなく、また憂うることもなくなったとき、それを仏となづけるのである。そして、そのほかに仏をもとめてはならない（道元、前掲書、同上）。

このように道元の霊性思想はその機能という観点から考察することができる。生死の輪廻《りんね》の苦しみや迷いを解脱しようと願う人は、仏性の真意を明らめ、それを生死輪廻の世界の外に仏を求めるなら、それは「柄を北に向けて車を曳き、南に顔を向けて北斗星を見ようとする」ようなものであって、生死即涅槃《しょうじそくねはん》の事実は、そのままが涅槃〔真理、悟りの境地〕であると説かれた。さらに仏性の巻には、釈尊が「一切衆生には、悉く仏性がある。仏の本質は常住で、変ることがない」と言われる。これは偉大な師、釈尊の力強い教えであると共に、すべての諸仏、及び歴代の諸祖の根本精神である。

白隠の霊性思想

白隠《はくいん》は駿河の浮島原宿の脇本陣《わきほんじん》長沢氏の第5子に生れた。父は同地の松蔭寺を中興した大瑞《だいずい》和尚の甥で、その敬虔な帰依者であり、母は熱心な日蓮宗の信者であった。15歳で白隠は松蔭寺の単嶺《たんれい》について出家し、沼津の大聖寺に移り、やがて郷里を出て各地に禅の名匠を訪ねて行脚し、やがて越後の高田英巌寺で無師独悟《むしどくご》するが、この地で知り合った宗覚通人に伴われて、信州飯山に正受老人を尋ね、老人のきびしい指導の下に、遂に八か月でその法を嗣ぐに至る。こうして彼は正受にめぐり遇うことによって、禅を再興し、近代日本禅の創始者となって、全く新しい日本の禅の伝統を確立した。彼は従来の公案禅《こうあんぜん》によりながら独自の「隻手《せきしゅ》の音声《おんじょう》」の公案を創作した。これが彼の主著『隻手の音声』である。その他に書簡集『遠羅天釜《おらてがま》』3巻がある。

彼は病魔に襲われて臥せっていたとき、洛東白川の白幽真人《はくゆうしんじん》から「内観の秘法」を授けられ治癒した。この経験は『夜船閑話《やせんかんわ》』に詳しく述べられているが、内観の修練について『遠羅天釜』

では簡潔に次のように語られる。

内観の修練は、そもそも最良の健康法であって、仙人の不老長寿の法にかなっている。その起源は釈尊にあり、途中天台宗の智者大師は、その著書である『摩訶止観《まかしかん》』の中にくわしく述べておられる。……白幽先生の言われるには、およそ健康を維持するには、身体の上部は常にひややかに、下部は常にあたたかくあらねばならない、と。元気を下方に充実させることが、健康のために肝要であることを知らねばならない。しばしば人は、不老不死の薬は、五つの元素を錬り合わせて作るということのみを知っていて、木火土金水《もくかどんこんすい》の五つの元素がほかならぬ眼耳《げんに》鼻舌身《びぜっしん》の五つの機能であることを知らない。そこで五つの機能を錬り合わせて不老不死の薬を作るということはどういうことであるかというならば、ここに煩悩《ぼんのう》にかかわらない五つの行為がある。眼が妄《みだ》りに見ない、耳が妄りに聞かない、舌が妄りに動いて喋らない、身体が妄りにものに触れない、心が妄りに考えない、その時は、未分化の状態の根源の活動力が、まざまざと丹田《たんでん》に充ちている。これこそ孟子《もうし》のいわゆる浩然《こうぜん》の気（天地にみなぎっている、万物の生命力や活力の源となる気。「孟子」公孫丑上から。）である。これをとって臍輪気海丹田《せいりんきかいたんでん》のあいだにおさめて、長年月これを守って一心になり、これを保って手離さなければ、ふと神秘なかまどを手に入れて、宇宙という不死の秘薬を生成し、自己こそほかでもない、天地に等しく虚空に等しいところの、永生の神なる仙人であることを自覚するであろう（白隠「遠羅天窯」唐木順三編『禅家語録集』、日本の思想10、筑摩書房、1969年、342—344頁）。

このように彼は健康法を説きながら、神秘的な生命の自覚を次のように解き明かした。

（1）人間についても彼は独自の三分法を通して宗教的な達人の生き方を説いた。　たとえば、こう言う。「およそ精力、元気、精神の三は一身の基礎である。達人は元気を節約して使わない。思うに、生をまっとうする方法は、国を守る方法に似ている。精神は君主であり、精力は大臣であり、元気は国民である。そこで国民を大切にすることは、その国をまっとうする所以《ゆえん》である。同様に、元気を節約することは、身となり、法律を犯すものもなく、国境を脅かす敵もない。身体についてもまた同様である」（白隠、前掲書、346頁）。さらに、この「精神」の働きの中で「良心」を「主心」として説くことによって彼の霊性思想が導き出される。

（2）「主心」としての「良心」は霊性の機能を果たす。　まず宗教的達人は精神にして健全であり、身体がつねに健康に保たれる。彼は言う、「達人は常に心気を下方に充実する。この故にいかなる病も身を侵すことができず、血色すぐれ、精神は健全であり、身体のついに治療の苦痛を知らないことは、強国の人民が、戦乱の騒ぎを知らないと同様である。むかし名医岐伯《ぎはく》が黄帝の問に答えて、〈無欲で虚心であれば自然に元気になる。精神が健全であれば病気にかかることはない〉と。ところが今日の人々はこれとは正反対であって、良心を健全にたもとうとはしないだけでなく、良心が何であるかも知らない。人々は犬や馬のように毎日走っていて、危険きわまりない。兵法家の書に言っているではないか、〈やたらと驚いたり悲しんだりするのは、良心が安定していないからである〉と。思うに、良心が健全なときは、やたらと悲しんだり怖れたりすることはない。もし人に良心のないときは、死人に等しい。あるいは中正を欠き、奪って我ままとなる」。主人である良心が不在なら、これは「盗人のよい休憩所となり、乞食の宿となり、狐や狸の住家ともなり、昼は閑神《かんじん》に支配され、夜は野鬼に支配され、妖怪変化の巣窟となろう。人の身もまた同様である。めざめた意識で修行に努力するところの良心が、臍輪気海《せいりんきかい》のあいだに、すわりよく置かれた大岩のように、ぴんと張りつめている時は、あらゆる価値的偏見がなくなり、一切存在の対立と矛盾は消えさる」。それに反して主人である良心がいなくなると、「煩悩という悪魔が蜂のように群り起り、邪曲の思想が蟻のようにたかり、四大元素から成る廃屋のごとき身体と、五種の要素からなる空しい故宅のごとき心とは、たちまち悪魔や妖怪の住家となってしまう。かくて悪無限の日々、とめどなく生死が踊り狂うのだ。外面には高尚な紳士の風采があっても、内面には吸血鬼的変態性を抱くようなものである。心はつねに平氏一門の最期よりも苦しく、胸はつねに戦国の世よりも騒ぐ。あたかも炎上する長者の家に似ている」(白隠、前掲書、348頁)。

(3) 良心の覚醒による仏性の自覚

白隠は仏性を「如来の智慧と姿」として説き、「仏性という、永遠の真珠を具備して、いつも大光明を放ち、現実即理想の絶対境、永遠かつ真実の世界に住む」ように勧める。そのためには仏法を信じ、正法を聞いて、「めざめた意識で修行に専念する良心」を覚醒しなければならない(白隠、前掲書、349頁)。そのためには「純粋な求道の心」が不可欠であって、「求道の心さえ固ければ、なにも吉野山の山奥に入って修行する必要もない」(白隠、前掲書、361頁)と彼は言う。

(4) 突然の開悟の経験

人事を尽くして天命を待つとき突如として開悟に到達する。これは彼自身の経験であり、同時にいつも説き明かしたことであった。彼は言う、「研究し研究して研究すべきもののないところにいたって、理路も尽き、表現のすべもなくなり、どうしようもなくなって天のはてに手を差し伸べて死に絶え、のち再びよみがえって、しかして後に、驚天動地の心の平静を得るのでありますす」(白隠、前掲書、369頁)。悟りというものは「心身の脱落」を経て到達するものであって、「まわりががらんとして心身ともになくなってしまったかのような気のするとき、思いもかけずそこに得られる力はやがて裕然《かつねん》たるものであります。……あらゆる誘惑と戦ってめざめた意識で修行の努力を押し進めて行く緊張の中に、思いがけなく自覚が得られるのであります」（白隠、前掲書、371―372頁）。この自覚はたった一人のひとに起こったとしても、その影響たるや甚大である。なぜなら「一人の心は千万人の心だからである」（白隠、前掲書、375頁）。

白隠の思想は民衆の間に広まり、禅に庶民的な感覚が伴われてきて、浄土宗に属する多くの妙好人のような信仰者を生み出した（筆者の郷里は沼津であり、「駿河にはもったいないものが二つある。富士山と白隠である」と言われる）。

第5章　キリシタンと近代日本のキリスト教霊性思想

キリスト教が16世紀から17世紀初頭にかけて日本に到来したとき、宣教師たちによってわずか数十年のうちに興隆をみた後に弾圧された歴史は、キリスト教と仏教との霊性を比較する上で重要な問題を提起する。このキリシタンの布教活動は『フロイス日本史』に詳細に述べられているように、きわめて旺盛活発に進められ、その最盛期には30万ないし40万の信徒を有するに至った。このことは当時の日本列島における全人口が概算でも一千万に達するか否かという状況にあっては驚嘆すべき成果であった。この布教運動には織田信長の保護、高山右近や大友宗麟といった戦国諸大名の改宗、キリシタンの医療奉仕や慈善事業が大きな役割を演じていた。またキリシタン禁令以後に2万人以上の殉教者を出したことは、その信仰心がどれほど熱烈であったかを物語っている。

フランシスコ・ザビエル（1506-1552）は、天文18（1549）年に鹿児島に宣教するために上陸した。彼は日本人に対してははなはだ好意的な印象をもった。「此の国民は、私が遭遇した国民の中では、一番傑出してゐる。私には、どの不信者国民も、日本人より優れてゐる者は無いと考へられる。日本人は、総体的に、良い素質を有し、悪意がなく、交って頗る感じがよい。彼等の名誉心は、特別に強烈で、彼等に取っては、名誉が凡てである」(『聖フランシスコ・ザビエル書簡集』アペール神父訳、下巻、岩波文庫、26頁)。ザビエルは鹿児島に一年余り滞在した後、日本の中心地からの布教をめざして、京へのぼったが、戦乱のつづく京から離れ、大内義隆の支配する山口で2か月ほどで数百人の信者を獲得する。その後、天文2年、豊後(大分県)を経て日本を去った。

このようなキリスト教受容の背景には何が主な原因として認められるであろうか。これに対する多くの研究が発表されている中でも、今日では東西の宗教事情を勘案した研究が進められるようになった。その研究成果を通してキリスト教と日本仏教との比較を学び、霊性の意義を考察してみたい。これまでわたしたちは霊性をその機能の側面から考察してきたが、それでも通俗的には大まかに「宗教心」として把握することができる。それゆえ「日本人の宗教心とはそもそものようなものだったのか」という問いをここで立てても不自然ではないように思われる。それによってキリシタンのみならず、日本民衆の側の宗教心をも同時に理解することができるからである。ここではキリシタンから始めて明治の初期からキリスト教が我が国に受け入れられ、どのような霊性の自覚が起こったかをいくつかの典型的な思想家を通して考察してみたい。

キリシタンと日本仏教との出会い

日本の16世紀の歴史叙述ではキリシタンの運動は一時的にして挿話的な現象として考えられてきたが、和辻哲郎（1889 - 1960）の『鎖国』以来、キリシタン集団がその時代状況からも把握されるようになった。とりわけキリシタン集団と浄土真宗本願寺派との宗教上の類似性が説かれるようになった。この点はすでに海老沢有道《ありみち》（1910 - 1992）などが強調してきたものであるが、宗教社会史の研究家である有元《ありもと》正雄（1934 - ）が浄土教における「主神崇拝的宗教」の主張や同じ傾向の川村信三（1958 - ）の『戦国宗教社会＝思想史の研究――キリシタン事例からの考察』（知泉書館、2011年）によってキリシタン集団と浄土真宗本願寺派との類似性が解明された。

「主神崇拝的宗教」　このキリシタン集団と浄土真宗本願寺派との宗教上の類似性は「唯一の神デウスへの信仰と、阿弥陀一仏のみに帰依する信に求めることができる」という観点で説かれた。両者は形式的には、自身の主神以外の礼拝を退けるか、あるいは重きを置かないような態度を生み出したと考えられた。有元正雄は次のように言う。

従来、「八百万《やおよろず》の神の国」とされた日本の宗教心にとって、この「主神崇拝的」礼拝形式は、理解されがたいものであった。……しかし、日本人の歴史のなかに「主神崇拝」的思惟が確かに存在したこと、しかもそれがきわめて大きな社会運動として展開した歴史があった。……古来、仏教の「空」や神道の「浄め」の観念に慣れ親しんだ日本人にとって、自己の人格に対する「存在者」として現れ出る「神格」を意識すること、しかも絶対的な他者としてのある単独の神格に対面することはきわめて異質な思考形態に属していたことは疑えない。ただし、日本人にとって主神崇拝的思惟がまったくなかったわけではなく、むしろ、歴史の要所で、民心を掌握した事実が歴然としてあったことを思い起こしたい（有元正雄『近世日本の宗教社会史』吉川弘文館、２００2年）。

日本の宗教は一般的にいって神道・仏教・民間信仰・修験道・陰陽道などを見ても明らかなようにきわめて多彩な傾向を示しており、そこには多数の神々が登場するため、その宗教信仰は複合的多神崇拝となっている。多神教では神の権限は分業化されて、細分化されるので強力な神威が伴われない。それに対して主神崇拝においては神の権能は強大であり、救いも神によってのみ実現する。キリシタンの場合には「主神崇拝」よりも「単神崇拝」であって、唯一神の崇拝となっている。したがってキリシタンと真宗とは類似していても同じではないが、排他的な信仰という点では同一性が認められる。ここから真宗からキリシタンへの改宗が起こったといえよう。

浄土真宗の民衆救済の中心にあるのは「専修念仏」であって、アウグスティヌスの「恩恵の絶対性」の主張やルターの「信仰のみによる」(sola fide) と類似する。すなわち阿弥陀如来の慈悲への全面的信頼という信仰心とキリスト教でいう恩寵論とは実質的に接近している。そこから16世紀のイエズス会宣教師フランシスコ・カブラル (Francisco Cabral, 1529 - 1609) は、念仏専修の派をすべて一向宗と考えて「ルター派と一向宗は同じである」とまで語るに至った。

ペドロ・ゴメス『講義要項』　ところでイエズス会の宣教師ペドロ・ゴメス (Pedro Gomez, 1535 - 1600) は討論好きな日本人に対し一般的な教養の啓蒙をも含めた『講義要項』(Compendium catholicae veritais) を作成し、その邦訳が１５９５年に出版された。これは当時の中世的なスコラ哲学にもとづいてキリスト教の神髄を述べた教科書であった。その中には人間をアニマ・ラショナルとして捉えるキリスト教の人間学が説かれていた。それによれば理性的魂の究極の能力とは「神の認識」であり、それによって信仰の能力が解き明かされた。彼はアリストテレスとトマスにしたがって人間の認識能力として「能動知性」を強調し、魂はそれによって神に似たものとなり、永遠に不滅であると説いた(理性的魂の定義は繰り返し示されている。その箇所は、アリストテレスの『霊魂論』の中心思想の要約部分である。理性的アニマである魂は不死不滅であるということもここではっきりと述べられる)。

この書物で説かれたのは、理性的魂の特質が人間の「形相」(実体) であり、命を与えるもので、

「スピリッアル」と言われ、形なきものであるが、神の実体でも、神の本質から創造されたものでもなく、肉体が造られたとき初めて存在するということであった。「アニマ」が「スピリツ」であるという意味は、それが身体から離れても機能し、感覚と欲求を自分の意のままに支配できるからである。宣教師たちは「スピリッアル」を可視的対象でもないし、形而上学的対象でもなく、それ自体「超自然」へのつながりをもつ特別な存在形態であるとみなした（川村信三『戦国宗教社会＝思想史』、120―122頁）。ここに「超自然」の実体としての人間の魂に特別の能力が付与されていることが明らかである。それゆえ理性的アニマは、身体を離れても決して滅びることなく、永遠に存在し続けることができる。また人間がアニマの不滅に与《あずか》るためにキリスト教の信仰は不可欠であると説かれた。そして霊魂の不滅こそ「信仰」が説く超自然の真実な教えである。

鈴木正三のゴメス批判

この『講義要綱』に対してなかでも禅宗の僧侶鈴木正三（1579 - 1655）（彼は三河出身の元武士であり、駿府の家康に仕えた。１６２０年に出家し、１６４１年に弟の治める乱後の天草に赴き元キリシタンに対する改宗の徹底と教化に努め、天草に32の寺院を建立した）は『破吉利支丹』（１６４１年）を書き、キリスト教を批判し、「空」あるいは「真如」として把握される絶対的な悟りの境地を説き明かした。これによってキリスト教人間論が禅宗の立場から容易に受け入れられなかった理由が判明する。彼の批判には「有」神論的議論に対する「無」神論的アプローチの優位があって、実有の見に立って「諸法実相の理」を見ないキリスト教を批判する。「諸法実相の理」とはこの世におけるすべてが「空」に繋がることを意味する。したがって現象界はまったく自性をもたないため、永遠の相からみれば、「それが有る」とは言えない。色即是空の「空」は二元論を決して許容しない絶対的一元論を言う。これに対してキリスト教は人間を常に「個」もしくは「有」として捉え、それと対比して絶対的「有」としての「神」を捉えんとする。このようにキリスト教の思想は諸相実相が「空」であるのに、それを無視して、人間にこだわり「個」の論理を進める、「実有の見をもっぱらとする」邪見であると鈴木正三は批判した。ここに人間観の相違が歴然となってくる。

コリャード『懺悔録』における霊性の自覚

浄土真宗は親鸞の後にはあまり勢力をふるわず、15世紀の本願寺派の八代法主蓮如《れんにょ》（1415 - 1499）の時代になって飛躍的に発展するに至った。同じ親鸞の教えでも民衆が積極的に受容した時期とそうでない時期があったという事実は、教えを受容する宗教心とその社会的環境の変化に注目すべきことを促すものである。この時期にキリスト教は浄土真宗との類似性から多くの信徒を獲得したが、日本で伝道した宣教師たちは、民衆が罪と恩恵の教えを求めていたのに、それに応えるアウグスティヌスの恩恵論を回避して、カトリックの伝統にもとづいて自由意志が救済に役立つと説く倫理思想に立って宣教した。したがって日本に特有の「本覚思想」だけでなく、ルターの思想に近い親鸞らの「主神的崇拝」による「信」に立つ人間救済論をも反駁しなければならなくなった。こうして宣教師たちは「個」の責任である自由意志を強調する倫理的なキリスト教を説いた。宣教師たちは親鸞の教説に接したとき、アウグスティヌス以来起こってきた「恩寵論争」の難問を感じたにちがいない。したがってイエズス会宣教師は、イグナティウス・デ・ロヨラ(Ignacio López de Loyola, 1491 - 1556) の勧告にしたがって道徳的弛緩を起こさないように、アウグスティヌス説に立脚しながらも、救いに至るには神と人間との「協働」の余地がある点を説き、自由意志を認めることによって功績思想を説得するようになったと思われる。

ところが仏教との論争においては彼らは「魂」の能力と尊厳およびその不滅のみを繰り返し説くことに終始してしまった。そして彼らは自らがセミ・ペラギウス主義の危険に陥っているのを感じて伝統的恩恵論を回避した。それゆえに川村信三が主張するように「恩寵か自由意志かの決して決着のつかない議論を用いるのではなく、別の方向から、人生を生き抜く方法を説こうとしたのがイエズス会宣教師の立場であった。民衆教化にあっては、そうした〈魂の不滅〉と来世の賞罰の主張の方が、哲学・神学的恩寵論の議論よりもはるかに説得力をもつものであったのだろう」(川村信三、前掲書、228-229頁)。

しかし当時の歴史書に記録されているように、キリシタンと仏教との間で宗教論争が頻繁に起こっており、現実には改宗者が多く出てきたため、実際には恩恵論を説かざるを得なかった。このことは霊性の自覚に関して明らかであって、たとえばコリャードの『懺悔録』にその一端が示されていると思われる。彼はスペイン人宣教師であって、1619年に来日し、布教に従事した。この『懺悔録』は彼が日本でのキリシタン宗徒の懺悔を記録した異色の書物であり、日本語による赤裸々な罪の告白が、十戒の順序に従って収録された。ここに当時の信徒の生活や風俗習慣が記されているばかりか、三位一体やキリストの贖罪などの信仰に対する理解が日本人にどのようになされていたかをよく示している。そこで、ある信徒の告白を聞いてみよう。

私は洗礼を受けてもう15年になりますが、別段深い考えもなく、他人の真似をして受洗しただけなので、キリスト教の教義について最近まではっきりした理解をしていませんでした。また、例えば毎年の告解とか、神の律法中の十の戒律を守るべきことなどのキリスト教徒のつとめにも注意を払っていませんでした。むしろ日常の瑣事や世俗の虚色にばかりかまけ、それに心を奪われていました。しかしそのような日々を過ごしているうちに神のみ教えを拝聴することがあり、心の奥底に神に対する敬虔な気持ちが湧き起こってきました。そして、キリスト教の信仰の神秘を一つ一つ残らず習い覚えようと、その時心に決めたのでした。それは、そうした神秘を信じて品行をすっかり改め、また、あらゆる点で、力の及ぶ限り徳の実践に努めることによって、わが身の永遠の救済が得られるようにと思ったからです（コリャード『懺悔録』大塚光信校注、岩波文庫、92頁）。

このように信徒が罪の告白をする際に、神の教えを聞いて「心の奥底に神に対する敬虔な気持ちが湧き起こってきました」と語られているところに、霊性の自覚がすでに起こっていることが告げられる。とりわけ「心の奥底」という概念がヨーロッパの神秘主義で特有な言葉であって、霊性を意味していたことを考えると、キリスト教的な霊性の理解が起こっていることが推測される（金子晴勇『キリスト教霊性思想史』教文館、2016年、241頁参照。この概念は西田幾多郎「場所的論理と宗教的世界観」、『自覚について』所収、岩波文庫、34–49頁、でも霊性として使われている）。またこの種の霊性を喚起させた「神の教え」について信仰問答が続けられているが、三位一体やキリストの贖罪に関しても「信仰箇条の一つ一つについて」当時すでにキリスト教の理解が神学的にかなり成熟していたことが判明する。だが、それに反し道徳や品行に関しては依然として進歩が認められないとしても、自己の行為を良心に照らして判断しているところに、霊性の作用が道徳的な良心と結びついて自己を吟味してみると厳しい反省に導かれていることが次のように明瞭に語られている。

また、傲慢や思い上がりから、自分ひとりの心の中で、あるいは人との会話の中で、一つ一つの信仰の神秘やその根拠、すなわち、起源、対応、相互のまとまり、構成、派生関係などを吟味することでしばしば罪を犯したことを告白いたします。なぜなら、信仰や神の啓示の光によって信じられていることを自分の分別や生得の浅知恵で穿鑿《せんさく》したり、評価したりしようと思い、超自然的なものについて人間による判断を下そうと思ったからです。こんなことを何回ぐらいやったのかは分かりません。しかしこれは無謀で危険な行いだったのですから、私は自分が罪を犯したのだと思いますし、良心のとがめを明らかにする次第です（コリャード、前掲書102—103頁）。

この良心はさまざまな邪念に対して感じられるようになっており、神の言葉を判断の基準として行われるため、そこから強い罪の意識が起こってくる。この信徒に対し指導に当たった神父は神の慈悲の大いなることを次のように説いて聞かせた。「ああ、神の御慈悲の何と偉大なことでしょう。道に外れ、身の汚れた哀れむべき罪人に対して神のお示しになる御慈悲を言葉で説明することは到底できません。この神に背き、神の掟を意に介さず、それがため自らの悪徳のうちに耽っていた罪人に、神は慈愛の手を差しのべることをおやめにならない。それどころか彼を御自らの光でお照らしになり、その全能の徳で彼の心を一新させ、お改めになる。そして彼が救済されるようにと恩寵を注がれ、憐み深くそれをお分かち与えになるのですから」（コリャード、前掲書93頁）。

このように罪と恩恵の問題が採り上げられている点は重要である。そこには霊性の成熟が見られるだけでなく、後に問題にするように法然や親鸞の浄土思想にはルターの信仰論と相通じる内容が豊かに備わっているから、仏教とキリスト教の対立点よりも共通点を強調することによって、キリスト教の積極的意義を立証することができたはずである。初代のキリスト教徒がプラトン思想を媒介にして自説を展開したような広い視野があったならば、迫害もある程度は避けられたのではないかと思われる。この時代に展開したキリスト教の受容が継続的になされていたならば、東西の霊性思想ももっと豊かに発展していたのではなかろうか。きわめて惜しまれる事態である。

植村正久の霊性思想

明治時代を代表するキリスト教の思想家の中で植村正久（1858－1925）と内村鑑三（1861－1930）を採り上げて、その霊性思想の特質を考察してみよう。この時代の日本人はキリスト教を受容するに先立って、彼らは日本人としての自覚をもって救いを体験した。そこには日本人としての霊性の自覚が顕著に認められる。したがって植村について適切にも次のように語られる。「植村の思想を考察するにあたってまず基本的に押さえておかねばならぬことは、そこには常に、人間における宗教への志向、宗教心の普遍的先験的な内在が前提されていることである。この確信は、植村の生涯を一貫して、彼の思想の根幹をなしている」(大内三郎『植村正久　生涯と思想』2002年、日本キリスト教団出版、178頁)。この「宗教心」というものを霊性の意味に理解できるなら、今日の宗教に対する懐疑の時代に較べると、明治の時代には霊性に対する感覚や自覚が認められるのではなかろうか(熊野義孝は「植村と逢坂」で「植村は宗教経験にはひじょうに敏感な人で、ときには迷信じみたことさえあまり簡単に否定しない、そういう深みがあって、その説教も多くの人をひきつけていました」と証言する)。

植村正久は旗本の長男として生まれ、幕臣としての矜恃を生涯にわたって保ち、在野精神を貫いた。維新後には少年時代から苦学してブラウン塾で英語を修得し、1873年に宣教師バラから受洗する。直ちに伝道生活に入るべく築地神学校に学ぶ。一番町教会を建設したあと十余年を経て、アメリカとイギリスに外遊する。初期の代表作『真理一斑』(1884年)を出版する。これは日本人の手になる最初のキリスト教信仰の弁証論となった。さらに東京神学社を創立して牧師の養成に尽力し、『福音新報』を発刊して、日本キリスト教界の指導的な役割をはたした。

先に述べた「宗教心」は日本では一般に霊性を言い表していた。植村の場合もそうであって、宗教心は常に人間の心にある事実として前提される。それゆえ彼の代表作『真理一斑』も、次の言葉ではじまる。

人類の最も尊貴にしてよく万物の首長たる所以のものは、現に己れの有する所をもって足れりとせず、目を殊絶《しゅぜつ》高遠なる境界に注ぎ、望みを妙奥なる理想に属するに在り。これを略言すれば、宗教の念は人に在りて、至貴至尊の者なりとす。（植村正久『真理一班』著作集4、9頁）

ここで「宗教の念」は「至貴至尊のもの」として重んじられるが、この観点は彼の生涯を通じて首尾一貫している。わたしたちはこの宗教心が「霊性」として説かれる初期の論集『霊性の危機』を先ずは検討してみよう。

この論文集には、近代人の自我が肥大化する有様を「為我的生活」として捉え、イギリスの思想家ミルと中世の聖人フランチェスコの生活を例として心霊生活の挫折から「霊性の飢渇」が生じると語られる（植村正久『霊性の危機』明治32、警醒社、2―3頁。ここでは明治34年10月、21版から引用する）。このように霊性の危機はすでに明治の頃から気づかれていた。彼は近代人が主我性、つまり自己主張欲に陥る危機を洞察していた。現代人は一般的に自我を肥大化することによって神の姿を見失い、超越的な力を見失って霊性が弱体化し、消失するか、それとも悪魔的な勢力によって霊が支配される場合には、過激で悪質なカルト集団に転落する（宗教改革時代の霊性主義者ミュンツァーがその代表であり、日本のオウム真理教もこれに属する)。ミルを通して彼はこの事実を次のように指摘する。

ミルが人生の空虚なるを感じ、為我的生活に安んずること能わず、その目的を己れ以外に求めたるは、蓋しその霊性、神に向かいて一歩を進めたるものにあらずや。彼自らはこれを意識せざりしも、その霊性は実に鹿の渓川を慕うがごとく、活ける神を求めて渇き居たるなり。その渇望は限りなき天父に到達せざれば全く成就せらるるを得べからず(植村正久、前掲書、157頁)。

ミルによると各自の幸福は自分以外の目的に向かって専心従事することによって獲得される。わたしたちは自己に満足して安んずべきではなく、自分の外に超越してこれに全身全力を捧げることなしには、人生の空虚が感じられるだけである。さらに霊性の人アッシジのフランチェスコ(Franciscus Assisiensis, 1182 - 1226)も同様である。彼は郷里の少年と豪遊し、逸楽をむさぼり、花を愛し、月にあこがれ、吹歌舞踏に耽りて余念がなかった。するとたちまち彼は重き疾病《しっぺい》に罹《かか》り、肉体の危機とともに霊性の危機が到来した。この霊性の危機に直面し、彼は霊魂の恋人なるキリストを求めて、遂に真正なる宗教に入った(前掲書、159頁)。

次に『真理一斑』を取りあげ、とくに「人の霊の無窮なるを論ず」(第7章)によって彼の霊性思想の特質を指摘してみたい。

植村はまず霊性の無窮性を霊魂の不滅の問題として採り上げる。この問題は実に人生の大問題である。このことは未開の蛮族、婆羅門の徒、仏教徒、キリスト教徒らにおいても同じであって哲人が霊魂が無究なることを認識したのと同じである。彼は言う「ここにおいてか豆大の地球、石火光中の生命は、その志を満たすに足らず。しこうして今日の世界は、その志を満足すること能わざるがゆえに、自ら眼を悠久の世に属し、己れが霊性の無究なるを想念するに到れるなり」(『真理一斑』123−124頁)と。

ところで物心は二つの異なる実体から成っている。「心の現象は物質の作用にあらずして全くこれと殊別なる実体に属す。すなわちこれを名づけて霊と称す」。このことはプラトンがソクラテスやアルキビアデスとの問答中に巧みに開示したように、「身は心の使用する一つの器具たるに過ぎず。ゆえに身亡ぶるときに心また亡ぶべしと言うは、あたかも楽器破れば、伶人また共に亡びんと言うに同じ」。健全な肉体に健全な心が宿ることがあっても、心霊の作用が身体から離れて、独立していることもあり得る。その理由として次の4点が挙げられる。「①身体の発達は成熟の期に至ると、衰亡の一途をたどるが、心霊の進歩は老いてますます盛んになる。②重病のゆえに知覚できなくとも、記憶作用は衰えていない事実を指摘できる。③脳の一部を失っても、思想ではさほど変化を受けない。④「身に非常の傷害を被ぶり、体力衰えて何事をもなす能わざるほどの場合において、精神の作用意志の効力により、肉体を鼓舞して、莫大の事を行なえる者、古今その人多しとす」(前掲書、141―142頁)。

それに続いて心霊の特質が説かれる。人間の心は身体と異なって、永遠にわたって成長せずにはいられない。「心霊の帰趣〔帰趨《きすう》〕は、その性質によりて知るべし。その性質を観るに、永生の資力を具う。ゆえに造物者これを造るの目的は、これをして永久に保存せしめんがためなり」。心霊は霊性として永遠を指向する特質をもっている。それは永生に向かう力をもっている。総じて人は現世での死を超えて永遠に至ろうとする。「その佳境は遠く死後に在りとす。これ霊性の無究なるべき一証にあらずや」(前掲書、144頁)と説かれた。ここには霊性の事実があり、それは神性に応答する心情の動きであって、霊性は神との交わりの内に生きる生命であるとの結論に到達する。「吾人の霊性は魚の水におけるがごとく、鳥の大気におけるがごとく、神のうちに生き、神と交わりて、その天性の作用を全うすべきものなり」。このような霊性を前提としてのみ、わたしたちはキリスト教の救済の真理を説くことができる。だがこの「霊性」は罪との関連で鋭くその機能を発揮する。というのも霊性が病と死を味わうとき、永遠の生命へと導き入れるのが、十字架による罪の贖いとしての福音の真理にほかならないからである。

内村鑑三の霊性思想

内村鑑三は札幌農学校でキリスト教に接し、宣教師ハリスから洗礼を受けるも、結婚に失敗し、アメリカに渡ってアマースト大学（Amherst College）のシーリー学長の感化によって「回心」を経験する。帰国後、教育勅語に対する最敬礼を躊躇したことで、不敬事件を起こし、多くの苦難を経て、「聖書の研究」を創刊し、明治・大正時代の代表的神学者となった。外国の宣教師の影響を受けない無教会主義を唱え、もっぱら聖書にもとづく神学を確立する。ここでは彼の霊性の特質だけを検討してみたい。

この霊性はこれまで「信仰」や「宗教心」として解明されてきた人間に本性的に与えられている「心の機能」を言う。信仰は何を信じるかという「信仰対象」を意味するばかりか、その機能によって対象が信じられる主体の側での働きをも意味する（前者はヨーロッパの中世では fides quae cretitur と言われ、後者は fides qua cretitur と呼ばれてきた）。信仰対象は神の存在とその教えであるが、信仰する作用は人間の心の働きである。この後者の作用を考察するのが霊性の研究であり、ここでは内村鑑三を通して考察する。そこでまず内村が信仰を霊性として把握している文章を挙げてみよう。

信仰とは「霊の能力」である　内村は明治36年から37年にかけて「聖書之研究」誌上に連載された『基督教問答』の「奇跡について」の章で、イエスが語られた「からし種一粒ほどの信仰があるなら、この山にむかって、ここからあそこに移れと言えば、移るであろう」（マタイ17・20）という言葉について次のように言う。

信とはこの場合においては霊の能力《ちから》であります。これは人が万物の霊長として神より授かるの特権を与えられたものでありまして、この能力をもってして、彼が天然界の上にほどこさんと欲してほどこしえざることはないとのことであります。しかるに、人類は神を離るると同時に、この能力を失ったのであります。彼はいまは天然を支配するものではなくして、その束縛の中に苦しむものであります。そうしてキリストの降世の一つの大なる目的は、人類にこの最初の特権をふたたび付与せんがためであります。すなわちキリストご自身がつねに天然の上に超越してその束縛を受けられなかったように、われら彼を信じ、彼を愛する者にもまた、このおなじ能力を与えんがためであります（『内村鑑三全集』（旧版）第8巻「教義研究」上、756頁）。

内村は「信仰」を「霊の能力」として説き、それによって人間は元来天然と親しい感銘をもっているとと考えた。しかし霊が神を離れるとこの霊の力（霊性）を喪失し、天然の束縛に苦しめられるに至った。天然とは自然科学の研究対象である事象を意味しない。むしろ神がその創造の秩序によって創った披造物を意味し、万物の霊長である人間が神からその支配を委託されたものである。それゆえ人間の仕事は世界の中に神の秩序を実現することである。これが創世記で「神の像」として造られた人間の使命である。ところが現実の人間は罪によって霊性が罪に染まり、弱まってしまったので、これを神の言葉によって回復しなければ、天然を支配することができない。このような思想は内村の信仰の内的な歩みと深く関係しているばかりか、同時に日本人の霊性を考える上で重要な意義をもっている。

自伝的作品と初期の作品における霊性

自伝的作品『余はいかにしてキリスト信徒となりしや』には生涯における思想の出発点がきわめて明瞭に記録されている。それを内村鑑三の宗教的な基礎経験としてまずは考察してみよう。

彼は米国に渡ったとき、アマースト大学のシーリー学長の影響によって決定的な回心に導かれ、この経験がそれ以後の内村の生涯と活動の原点となった。それは「十字架のキリストを仰ぎ見ることによって罪を赦されたというキリスト体験」である（後年の回顧録にはこう記されている。「内村、君は君の衷をのみ見るからいけない。君は君の外を見なければいけない。何故己に省みる事を止めて十字架の上に君の罪を贖い給ひしイエスを仰ぎみないのか」。この「仰ぎみる」という内村の愛用語がそのキリスト体験の内実をよく示している)。

この体験をやや一般化して述べたものが『求安録』であり、特に最後の「楽園の回復」と「贖罪の哲理」の章である。前者はキリストによる救いの事実を、後者はその解釈を述べたものである。そこではわたしたちの救いはキリストにおいて神とつながることから来る、それゆえキリストによらなければ、人は罪を赦されて神と一体となることができない、と語られる。この基礎的な経験こそ彼が「大事実」と称するものであって、そこから起こる福音的キリスト教信仰の表明こそ彼の霊性思想を生み出した。

『求安録』の霊性思想　初期の著作の中でも『求安録』には霊性の事実にしばしば言及し、霊性が良心の作用に現れることが指摘される。良心は江戸時代に儒学者によって導入されたが一般には定着を見なかったが、明治の思想家によって再度ヨーロッパのキリスト教思想を通して再度導入された。その際、内村の果たした役割は大きかった。彼は神の言葉を電気燈になぞらえ良心を厳しく点検する。すると彼はそこに「良心の悲嘆」を見いだすことになる。彼は『求安録』の冒頭で次のように言う、「人は罪を犯すべからざるものにして罪を犯すものなり、彼は清浄たるべき義務と力とを有しながら清浄ならざるものなり、彼は天使となり得るの資格を供へながら屢々禽獣と迄下落するものなり、登ては天上の人となり得べく、降っては地獄の餓鬼たるべし、無限の栄光、無限の堕落、共に彼の達し得る境遇にして、彼は彼の棲息する地球と同じく絶頂（Zenith）絶下（Nsdir）南極点の中間に存在するものなり。降るは易くして登るは難く、降れば良心の責むるあり、登るに肉慾の妨ぐるあり、我が願う所のもの我これを行さず、我が憎む所のもの我これを行し、我は二個の我より成立するものにして、一個の我は他の我と常に戦ひつゝあるものなり、誠に実に此一生は戦争の一世なり」（『内村全集』第一巻大正8年〔1919〕、135—136頁）。このような内心の分裂から良心は罪を強く自覚するようになった。

この良心はルターに明らかなように霊性と同一視される場合が多く、霊性の認識作用では鋭い感得力を備えてくる。それゆえ「永遠の生を有する心霊は聖語の刺激を感ぜざるを得ず」とあり、その際、聖書の光が「電気燈」のように良心には感得される。それゆえ「聖書なる電気燈を以て尚も余の心中を探るならば余は神を涜《けが》すものならん、人を欺くものならん」（『内村全集』第1巻、142、147頁）と言われる。

ところで良心の責めは道徳的不完全性のゆえに起こるのではなく、神の完全性と命令に対する違反の感得として把握される。そこから神に頼る信仰が必要であると説かれるが、信仰は「智能上の准許《じゅんきょ》にあらずして心霊上の応諾《おうだく》」であって、心霊がこれによって神と一体化するに至ると内村は次のように主張する。

我等の救は基督に於て神と繋がるるより来るものなり、而して如何なる理由の其内に存するにもせよ、福音的基督教会の確信として動かすべからざる事は、即ち基督の生涯と死とは救霊の必要にして基督に依らざれば人は神と一体たる事能《あた》はず……とのことなり。此信仰たる実に基督教会の基礎なり（『内村全集』第1巻、259頁）。

このように救いを神と人との一体化として把握したことは内村の霊性思想にとって重要な意味をもっている。なぜならこの事実にこそ救いの確信があって、この確信は理性的な解明にもなく、英雄的な信仰にもないからである。

そこで彼の霊性思想はこの事実を「直観する」ことによって示される。たとえば「神は直感を以《も》て感じ得べきものにして推理的思考の結果として得らるべきものにあらず、一見百聞《ひゃくぶん》に若かず、宗教を了得するには〈第六感〉の作用と発達とを要す」（前掲書、第1巻、308頁）とある。このような「直感」は「第六感」の作用とも呼ばれ、さらにそれは「信仰なる能性」とも霊性の合一する「感応」作用とも言い換えられる。この感応は合一の作用でもあって結婚の状況に比せられる。「霊、霊に応じ、真理、真理と婚す。天のゆるせし夫婦は人のもって離別し得べきにあらず、真理、真理を恋ひし後は合せざれば止まず」（第1巻、314頁）。事実、この合一作用を霊性はもっており、それは「人霊の能性」と称せられ、キリストと魂との関係は新郎と新婦の関係に比較される。

福音書の記載するキリストの言行録が特種の引力を以《もっ》て罪に困《くる》しむ人霊を彼に引き附ける所以は全く此に存することと余は信ず。基督は心霊の新郎にして新婦の本能性は問はずして直ちに彼の真夫たるを知る、真理を探るに当たって此種の能性は決して軽ずべからざるなり」(第1巻、315頁。この種の霊性の作用はクレルヴォーのベルナールの花嫁神秘主義やルースブルクの婚姻の神秘主義と同様の思想を導き出している)。

『基督教問答』におけるキリストの神性の感得

先にも言及した『基督教問答』は、「キリストの神性」について注目すべき発言を残している。彼はそれに関して「聖書の証明」と「世界の輿論」と「心霊の実験」の三方面から語る。だが内村が強調したのは「心霊の実験」であって、ここに彼の霊性思想が明瞭に表明される。彼はこの真理を「私の全有 wholebeing によって、即ち私の実在そのものに省みて、終にキリストを私の救主、即ち神と認めざるを得ざるに至った」(内村鑑三『キリスト教問答』講談社学術文庫、72—77頁)と言う。

もしキリストの神性が推理的捜索によって発見することのできるものでありますならば、それはわずかに吾人の理性を満足させるに足るだけの真理でありまして、吾人の全性を感化するに足るの真理ではありません。神の真理は背理的ではありませんが、しか超推理的であります。理性以上の機能によって知ることのできる真理でなければ、これを神に関する真理ということはできません（前掲書、72頁）。

ここでは「全性を感化するに足るの真理」を問題にする。それは理性に優る能力として霊性が求められる。まず「さらば何によって貴下はキリストの神性をお認めになったのでありますか」と問われる。その答は「私の全有 whole being によってです。すなわち私の実在そのものに省みて、ついに彼を私の救い主、すなわち神と認めざるを得ざるに至ったのであります」（同上）と告白される。ここでの「全有」とは分割される認識機能ではなく、「全身全霊」を意味し、心身に分割できない旧約聖書の「霊」（ルーアッハ）を意味する。それゆえ自己の全存在を傾けて、神の前に立ち、謙虚に罪を認めることが求められる。

人はまず謙虚の暗夜に入るにあらざれば、「輝く明けの明星《みょうじょう》」なるキリストをその神性の姿において仰ぎ見ることはできません。その謙虚の井戸の底にまでくだってごらんなさい。貴下も今日ただ今、彼を主として仰がれるでしょう（前掲書、75頁）。

『宗教座談』における霊性の理解

次にこの時期の内村の思想の全体を比較的よくまとめた『宗教座談』を採りあげ、彼の人間理解から霊性がどのように把握されているかを考察したい。彼はまず次のように説きはじめる。

私共の申す霊魂、即ち英語で申すソールと云ふものは何でありませうか、之は単に精神と云ふものではありません、精神とはソールの精気で御坐いまして其活動の力を謂ふたものであると思ひます、勿論牛や馬に精神があるとは云ひませんが、然し精の善い馬とか、精の悪い馬とか申します、疲れた馬の事を精の尽きた馬と申します、其やうに人の精神と申しますれば何にも未来永劫にまで存在すると云ふ霊魂の事を云ふのではなくして、重に其活気を指して申すのであると思ひます（『内村全集』第1巻、158頁）。

キリスト教はこの霊魂の救済を問題とする宗教であって、仏教のように哲学の一種ではない。さらに禅宗のやうな胆力を鍛錬する工夫でもない。それに対しキリスト教の中心問題は良心の苦しみである罪から人を救済する神の大いなる働きを問題にする。

霊魂を救ふ者とは人の犯せし罪を赦し、其良心に満足を与へる者で御坐います、私共の霊魂を養ふに足るものは神が人類に下し給ひました霊の糧なる基督で御坐います、聖書に斯う書いてあります、「イエス曰《いい》けるは我は生命（霊魂）のパンなり、我に就たる者は餓ず我を信ずる者は恒に渇くことなし　我は天より降りし生けるパンなり、若し人このパンを食はゞ窮《きわみ》なく生くべし、我与ふるパンは我肉なり、世の生命の為《た》めに我之を与へん」と（前掲書、第1巻163―164頁）。

それゆえ「霊魂の要求するものは愛であります、純潔無私の愛で御坐います、亦た宏大無辺の愛で御坐います」と説かれ、「さらに永生とは　神を知り、神の遺したキリストを知ることにある」という。とこのように初期の作品の『宗教座談』では霊魂について「自然と心の奥底から湧いて出る愛心」とか「私共は皆な小基督となる」（前掲書、第1巻、180頁）ことに言及されてはいても、それを追及する霊性の理解は示されていない（彼の人間学における霊性思想に関しては、金子晴勇『キリスト教人間学』知泉書館、230―233頁以下を参照）。

これまで論じてきたことを要約してみると次のようになろう。内村鑑三の霊性思想はキリストを仰ぎ見ることを出発点としており、畏敬と信頼を傾けてキリストを救い主として「仰ぎ見る」超越の作用において始まり、さらにキリストを救い主として「受容する」ことが説かれる。だが現実にはこの霊の能力は罪によって弱まり、作用しなくなっていたが、キリストを受容する信仰によって自己の生き方が変容を受けると、霊における再生の経験が授けられる。ここにキリスト者が「信仰」（つまり内村によると「霊の能力」）によって自己の存在を「変容させる」作用が見られる。その際、霊においてキリストと「一体となる」経験が何よりも重要である。この一体化においてキリストの義がわたしのものとなり、わたしの罪がキリストのものとなる。そこに義と罪の交換という贖罪の真理があり、それが人格間における生命の「交換」という秘儀によって実現される。この事実はまた花婿と花嫁との関係に比せられる（この関係はイサクとリベカとの婚姻として、たとえばレンブラントの名作「ユダヤの花嫁」として、また『雅歌』の主題「恋しいあの人はわたしのもの、わたしはあの人もの」〔2・16〕として歌われた）。この関係はわたしたちが結婚の最初の時期に感じ取られる一体感に示唆されており、そこに花婿と花嫁の「相互受容」としての「一体感」が経験として授与される。人間の中にはこのように働く霊性が授けられており、これによって神を感受し、受容し、一体化することができる。この種の能力が心中深く内蔵されている人間は、内村によると、「万物の霊長」として「天然」つまり神が創造した世界においてその任務を実現すべく遣わされている。ここに人間の使命と仕事（仕える事）がある。

新井奥邃の霊想思想と綱島梁川の霊性体験

明治に活躍したキリスト教徒には植村や内村のほかに優れた人物が多かったが、霊性思想史の観点から見ると新井奥邃《おうすい》（1846 - 1922）と綱島梁川《りょうせん》（1873 - 1907）が顧みられるべきであろう。彼らは近代日本を代表するキリスト教の思想家ではないが、その信仰の特異性のゆえにここでは考察してみたい。というのも植村や内村の青年時代に自覚されていた霊性思想が教義への関心が高まるのと逆比例的に希薄化していくとき、彼らは再度宗教における霊性機能に注目し、独自の思想を展開していったからである。

新井奥邃 新井奥邃は1846年（弘化3）に生まれ、明治時代になってから文部大臣として活躍した森 有礼《ありのり》（1847 - 1889）に伴われてアメリカに渡り、実に30年の長きにわたって滞在し、ハリスの許でキリスト教を学び、帰国した後は、東京の巣鴨に隠棲した。だが彼は若い学生たちと共同生活を営んで、儒教の書を講読したり、ときには社会的な発言をして、時代精神を批判した思想家であった。とりわけ詩人的特性と感性をもった優れた洞察によって独自の霊性思想を創造した異色の思想家であった。彼はとくに青年の人格形成に腐心した教育者であり、社会問題では戦争・差別・自己欺瞞などを厳しく糾弾した（最近は『新井奥邃著作集』全九巻、別巻一冊、春風社、2002–2006年が出版された）。やがて社会から全く忘れ去られていたが、彼の霊性思想が「いのちの思想」として今日注目されるようになった。

奥邃の宗教思想の特質は、儒教にもとづく東洋思想とスウェーデンボルグ（Emanuel Swedenborg, 1688 - 1772）やヤコブ・ベーメ（Jakob Böhme, 1575 - 1624）などの神秘的キリスト教の精神とが渾然一体となって融合された点に求められる。この思想傾向は儒教によって武士としての教育を受けた青年たちが明治期に流入してきたキリスト教の影響を受けたときに起こった現象であった。同じことは植村や内村にも起こったが、奥邃は東西両思想の統合を徹底して遂行した点で独創的な思想家であった（工藤正三「新井奥邃を理解する手がかりとして」新井奥邃先生記念会監修『知られざるいのちの思想家新井奥邃を読みとく』春風社、9―10頁参照）。

その思想の中でも刮目《かつもく》に値する観点は、奥邃が儒教の説く「天」や仏教の言う「無」の世界を、神と聖霊が遍在している「場」であると説いたことである。これは彼が函館で初めて接したギリシア正教、つまり神秘的な傾向をもったキリスト教の影響と考えられる。儒教教育の影響は孔孟《こうもう》（儒教の祖孔子と祖述者孟子。）の倫理思想をもって人間の規範とした点に明瞭に現れるが、老荘（老子と荘子。また、その唱えた思想・学説。）の思想をその懐疑と不安と虚無思想のゆえに退けた。彼が説いたのは万物が唯一の真神より生じ、人間を含め自然界・超自然界を問わず、世界には「父母神」が遍く内在しており、世界は「神の静息」において限りなく進化し発展するという思想であった。この「神の静息」というのは「神の霊」のことであり、「聖霊」を意味する。それゆえ信仰とはすべての「私我」とか「我執」を捨て、「父母神」の懐に抱かれて、神に帰依することである。彼はこういう主張をまとめて「有神無我」

と言う。さらに孔孟の倫理を「日用常行」の中で実践し、人間の心に巣くう三賊、つまり「慾」・「怒」・「我」を殺滅する戦いをもって「神戦」と称し、この戦いに勝って、神の聖霊を身に受け、日々新たに更生する「新人」となることを志した。こうして為政者から農民や労働者に至るまであらゆる階層の人びとに、静かに熱誠をもって語りかけ、それぞれの精神的革命を促した（新井奥邃の伝記として工藤直太朗『新井奥邃の思想』青山館、1984年が詳しい）。

彼の思想の中でも霊性思想に関連のある内容を考えてみたい。それは独特の神観にまず求められる。仏教の側からのキリスト教批判として絶えず主張されてきたことは、キリスト教の神が厳格の父性であって、慈悲という母性に欠けていることであった。この批判には父性についての誤解が認められる。というのも聖書では「父と子」という「親密な間柄関係」に立って父なる神の愛を表すために「父性」が使われたからである。そこには古代奴隷制社会の状況が反映しており、古代における「主・奴」関係に対決して「父と子」の親密な関係が説かれた。この種の誤解は日本仏教に定着しており、簡単には解けそうもない偏見となった（この主張は鈴木大拙や柳宗悦の著作に頻出する）。それはさておき、キリスト教における母性の真義をいち早く理解した奥邃は、キリスト教の神を唯一の「父母神」であると捉えた。彼によると元来キリスト教では、「父なる神」といって父性の一面を強調するあまり、神の母性を軽視してきたきらいがある。奥邃は『名実閑存』の冒頭では次のよう言う。

神は真実の人にして宇宙万有の父母神《ちちははかみ》なり、神其肖像を造り之を名づけて人と言う、乃ち男乃ち女、斯く、人は本来神の肖像にして二而一なり、……元始に言有り、聖言なり。聖言は神とともにして即ち神なり、聖言は道なり、道は聖言なり、基督士《クリストス》・基督阿《クリスタ》は其完称なり、即ち唯一の父母神なり……夫れ聖言は即ち神息にして、其息は即ち其言なり、凡そ聖言に因らざる者は以て息とするに足らず、而して聖息に出でざる者は生命の言に属する者に非ざるなり（新井奥邃著作集、第5巻、351—352頁）。

ここには彼の神論が創世記の人間の創造に関する思想から引きだされており、神の言葉であるキリストも「基督士」（Christus）と「基督阿」（Christa）であると称され、前者が父神、後者が母神として説かれた。これは奥邃の造語であり、イエスも「二而一《にして》」であって「耶蘇士・耶蘇阿」と表記して両性兼備となした。また『奥邃広録』（全5巻）は、奥邃が書き残した随筆であって、彼の思想のすべてを集成しており、神霊を説いては神韻渺々《しんいんびょうびょう》として天界宇宙にあるかと思えば、倫理道徳を説いて日常的な社会情勢から政治経済や国際問題に向かい、さらに野の一草一木一石にも神の霊が働いていることを説いた。

綱島梁川　綱島梁川はその名を栄一郎と言い、１８７３年に備前岡山に生まれ、その名梁川は同県の高梁川《たかはしがわ》から採った。彼は１９０７年に34歳の若さで夭逝《ようせい》したが、彼の著作『病間録』（『病間録』第13版〔大正７年〕の初版は明治38年。安部能成編『綱島梁川集』岩波文庫、１９９４年）には神秘的な宗教体験が記されており、霊能や感応また霊感を重要視し、多くの人々がその神秘的な神体験に関心を寄せた類い希な思想家であった。そこには注目すべき宗教体験と霊性思想が記録されている。

その著作に中で彼は心中に起こる神に対する思慕の念を強調する。それは理性を超えた深みに根ざしており、目に見えない実在に感応し、その声を聞くという。永遠の実在との「相即感応の実験こそ宗教の第一真理にあらずして何ぞや」（『病間録』163頁）。また「要求は我らの分内の事なれども、感応は神の恩寵に候」とあって、そこには「要求感応相関の真理」があり、「要求は感応の始め、感応は要求の終わり」（前掲書、70頁、71頁、69頁）とも言われる。これこそ神を感得する霊性の作用であって、梁川は「霊能」の事実を指摘して言う、「吾人《われら》は経験上不断に個々の意識内容を通じてこの一種の力又霊能の実在に触れその権威を感じその感化を受けつつあるにあらずや。而してこのごとき霊能こそとりも直さず吾人の所謂〈自己〉に他ならずとせば、〈自己〉は畢竟空名にあらず」（前掲書、419頁）。

この霊能は実在する神を感得する作用である。彼はこれを実際の体験から学んだのである。「予が見神の実験」という文書にこれが詳細に叙述される。彼は「本年のうち小生はこれと併せて三たびほど触発の機会を得申候」という。その有様は次のようであった。

今憶《おも》ひ出だし候だに心跳りせらるゝ一種の光明、慰藉に候へども、先日御許いだいた実験は、最も神秘的にして亦最も明瞭に、インテンスのものに候ひき、君よ、この特絶無類とも申すべき一種の自覚の意をば誰れとともにか語り候ふべき。げに彼の夜は物静かなる夜にて候ひき。一燈の下、小生は筆を取りて何事かを物し候いし折りのことなり。如何なる心の機にか候いけん、唯忽然《こつぜん》はっと思うやがて今までの我が我ならぬ我と相なり、筆の動くそのまま、墨の紙上に声するそのまま、すべて一々超絶的不思議となって眼前に輝き候。この間僅かに何分時といふ程に過ぎずと覚ゆれど、而かもこの短時間に於ける、いわば無限の深き寂しさの底ひより、堂々と現前せる霊的活物とはたと行き会いたるようの一種のショッキング錯愕《さくがく》、驚喜の意識は、到底筆舌に尽くし得るところにあらず候。唯、兄の直覚に訴へて御推察を乞ふの外之れなく、今はその萬一をだに彷彿《ほうふつ》する能《あた》はず候（前掲書、375―376頁）。

このような見神経験は批判的な意識をもった梁川には不思議な出来事としか考えられなかったが、その自覚は明瞭確実となり、「その驚絶の事実は、不壊金剛の真理となって光明を放ち来たり中候。今日は最早一点動かすべからざる疑ふべからざる心霊上の事実となり、力と相成申候」という確信となった。この見神の意識はその後さらに明瞭となり、「今まで現実の我として筆取りつつありし我が、はっと思う刹那にたちまち天地の奥なる実在と化したるの意識、我は没して神みずから現に筆を執りつつありと感じたる意識ともいうべきか」と語られるようになった。このように「神我の融会」と「合一」が起こり、「我則神となりたる也」という神化として表出されるようになった（前掲書、83頁）。

やがて梁川はその経験を宗教的要求に対する「感応」として霊性の機能をもって考察するようになる。「要求は感応の始、感応は要求の終」として「二者相関の理」が「深根底」として存在すると説くようになった。「要求は我等分内の事なれども、感応は神の恩寵に候。感応の来たるや神秘也、唯だ我等が要求の声に応じて忽然として其の前に参し後ろに立つを見るのみに候。我等は唯だ之れを意識の事実として受け入れ、打ち仰ぐのみに候。然り感応の来たる、風の如く驚くべき神秘なれども、而かも復たこれ程我等を欺かざる至誠の事実あるべしとも思はれず、而して此の事実こそは宗教に於ける第一義諦に侯也。此の事実を取り除いては宗教は空虚に侯」（前掲書、70―71頁）。

このように梁川は霊性の機能を神と人間との間を媒介するものとして人格的に理解しようと試みる。この種の試みは霊性の有する「応心」する作用であって、それは彼の『応心録』に詳細に述べられる。その際、霊性は「霊能の力」として解明される。まず、この力は「一切諸念の上に超在して、其を統一し、融合し、組織し、評価選択する一個活溌々地の力なり霊能也」と規定される。この作用は諸観念の上位にあって、諸観念を「統一」「融合」「組織」「評価選択」する力である。次に意識に透明性を授ける力であるとも説かれた。すなわち、この力によって「一切の意識現象をして、不可分、不可割の透明性を著《っ》けしむるものはすべて此の一種の力一種の霊能にあらずや」と説かれる。つまりそれは宗教意識を透明にする作用であると見なされる。そしてこの霊能を「自我」と称してはいけないであろうかと反問する。

　梁川は独自の宗教的な神体験から「霊性」の存在をその機能からこのように明らかに説いた。夭逝したため彼がこの霊性にもとづいて霊性思想を展開するには至らなかったのは、まことに残念である。しかし、この観点から霊性思想を展開できる基礎を説き明かした意義は大きいと言うべきである。

第6章　近代日本の仏教思想家の霊性思想

明治以来近代日本を代表する仏教思想家は数多く輩出し、優れた思想を創始してきたが、わたしたちが探求している霊性思想に関しても実に多くの思想家が誕生した。そこでまず注目したいのは仏教の信徒であって、同時に宗教哲学者であった一群の大家たちである。これまで説いてきたように霊性は広い意味で「宗教心」と一般に理解することもできる。そこでこの宗教心としての霊性を問題にした思想家に限ってここでは考察してみたい。先ずは我が国で最初に宗教哲学を確立しようとめざした清沢満之をとりあげ、次に彼が影響を与えた人たちの霊性思想についてわたしの感想を語ってみたい。

清沢満之の宗教心

清沢満之《きよざわまんし》（1863 - 1903）は真宗大谷派に属し、大谷大学初代の学長として活躍した。とりわけ

「浩々洞《こうこうどう》」を結成して雑誌「精神界」を発刊し、絶対的精神主義を唱道した。西洋哲学のわが国最初の通史である『西洋哲学史講義』は「タークスからスペンセルまで」を通観しており、近・現代の哲学思想では批判的見解を提示した。とりわけヘーゲルの弁証法に対してはそのキリスト教的背景のゆえに批判的であった。

彼の霊性思想は「宗教心」の把握の仕方に現れていると思われるので、ここでは初期の代表作『宗教哲学骸骨』と後期の代表作『精神主義』のみを採りあげてみたい。

『宗教哲学骸骨』における宗教心　清沢はこの主著の冒頭で宗教心について論じているが、それは霊性にも妥当する。

宗教がわれわれの間にあるのはどんな理由があるためであるかといえば、むかしから宗教の起原論はさまざまで一定しないけれども、要するにわれわれ人間には、宗教を提起せずにはおれぬ性能があるからである。この性能を名づけて宗教心という。そして宗教心といっても、別に一種独立の心の本体、あるいは心の作用があるというのではない。心の本体はもともと単一であり、心の作用もまた一類である。ただ心の本体が対向するところが異なるために、種々の性能の名があるだけである（清沢満之『宗教哲学骸骨』「日本の名著43」49頁）。

ここでは宗教心は「宗教を提起する性能」と見なされる。だが「宗教心」は心の作用であっても、「心の本体が対向するところ」によって性能が異なってくる。無限なものに対向するとそれは宗教心となり、さらに発達段階によって程度の差が出てくる。

それゆえ宗教心にはその発達に種々の程度の差があって一様でないけれども、他の心の作用と区別される理由は、その宗教心である本性において程度の差をこえてみな同一であるからである。すなわち、「他の心性作用はおよそみな、有限の境遇に対向するものであるけれども、宗教心はこれと異なって無限の境遇に対向するものである」(同上)。

彼は「古来哲学は道理により、宗教は信仰による」と説かれているように、宗教心が哲学(道理心)と違う点を考察し、道理心は無限に関係するばかりか、有限にも関係しており、多くの学問は道理心が関係する区域を表現する。しかし学問の中でも、哲学だけが、道理心の関わる区域を表現する、と言う。この両者の間の最大の相違は、宗教心が無限に関係するのは、これを受用するためである点に求められる。この受容は霊性の受容機能を指している。「宗教心は、第一歩の出発点において無限の実存を確信し、これに対向して、その感化を受けようとするのである」(前掲書50頁)。だから、「哲学の終わるところに宗教の事業が始まる」と言うことができるが、「直指《じきし》」といい、横超《おうちょう》といって、無限の実存を認めて、これを信仰することができる人においては、どうして哲学の論議の必要があろうか」（同上）と言う。

『精神主義』における宗教心

清沢満之の「精神主義」は「宗教的信念」であって、宗教心を意味する。清沢には「精神主義」と題する論説が三篇あるが、いずれも『阿含《あごん》』・『エピクテトス語録』・『歎異抄』の見地から説かれたものである。彼は「精神主義」について次のように言う。

われわれが生きてゆくのには、かならず一つの完全な立脚地がなくてはならない。……われわれは、どうして処世のための完全な立脚地を獲得したらよいか。思うに絶対無限者によるほかは不可能であろう。このような無限者がわれわれの精神内にあるか精神外にあるかは――われわれが、どちらかだと断言する必要はない。なんとなれば、その絶対無限者は、求める人がそれに接するところにあって、内とも限ることはできないし外とも限ることはできないからである。われわれは、ただ、このような無限者に接しなければ、処世における完全な立脚地があることはできないことをいうだけである。そして、このような立脚地を得た精神の発達するすじみち、これを名づけて精神主義という（清沢満之『精神主義』「日本の名著43」133頁）。

このように彼は「絶対者の接する立脚地」を「精神主義」に求める。この絶対者と自己とが衝突することは避けられないので、精神主義はつねに絶対的服従と関連しており、自由に自分の主張を変更して他人の自由に調和することができるものでなければならない。ところで彼は「万物一体」の真理を主張する。つまり「宇宙間に存在する千万無量の物体が、けっして各個別々に独立自存するものではなく、たがいに相い依り相俟って、一組織体を成すものである」（清沢満之、前掲書、135頁）。この真理は人間の内にあって離れることがないから、これを悟って仏陀となるまでの方法と歳月とは、各自の事情に応じて多様である。

ところで自己を反省してみると、この真理を自分のものとしていないことが分かる。とはいえ「われわれの胸中には道徳宗教の本性がけっしてないわけではない。すでにこの本性があるのだから、これを培養し保育して、爛漫とした美しい花を開かせなくてはやめることができない」と言う。このことは道徳宗教の訓戒を聞いても、それを遵奉できないときには、「良心の苦痛感覚」が生じることで知られる。それは「人性のもっとも奥から発するもっとも深い苦痛」である。それゆえ「道徳から一転して宗教に入るということは、思うに良心の苦痛が進んで罪悪の感覚となり、罪悪の感覚はやがて解脱の見地を惹起するという順序をいうものである。世間には、宗教者が説く神仏の命令はまったく良心の声に過ぎない、という学者がある」（前掲書、137頁）。だから一心正念で仏陀に帰仰すれば、良心の苦痛、罪悪の感覚は氷解する。それゆえ、この教えを「信受する」ことが要請される。「阿弥陀仏の一心正念から出る徳育に促されて、われわれに一心正念が発動するもの、これがとりもなおさず宗教の真髄であり、道徳の源泉である」から（前掲書、138頁）。ここに説かれている「信受する」受容機能こそ霊性の作用を意味する。

したがって清沢の「精神主義」の核心は「精神が絶対者に接する立脚地」であるということであって、これによって安心立命することが宗教の意味である。したがって「精神主義」とは「宗教的信念」にほかならない。ここに彼は万事にたじろがぬストア的不動心を捉えたといえよう。また『宗教哲学骸骨』では「万物一体」の説が、「論理」的「不可思議」を承認せねばならなかったのに、ここでは「信念」として規定される。ここに彼の信仰の深化を見ることができる。だが、「精神主義は、相対が絶対に入り、有限が無限に合する所に発展するところの実際主義にほかならない」と言われているように、清沢の「信念」は相対と絶対、有限と無限との接点を土台として生まれてくる。それゆえ「精神」に「如来」が実在するという信仰のゆえに、その信仰は他力本願となって、「如来」の命ずるままに行動するように説かれた。

清沢は、深い自省の中から、『阿含経』やエピクテトスの『語録』とならんで『歎異抄』を愛読し、「精神主義」の運動を起こして大きな影響を与えた。『歎異抄』は江戸時代の中期には一部の学僧が講義をし、注釈を著していたが、それ以前にはかえって、浄土真宗の中興者蓮如《れんにょ》によって禁書とされ、信者たちから遠ざけられていた。この書は清沢によって再発見され、その弟子たちによって広められ、大正期には倉田百三《ひゃくぞう》（1891 - 1943）の『出家とその弟子』（1916年）によって定着するようになった。清沢は死の年の日記の巻末に「如来の奴隷となれ、その他のものの奴隷となることなかれ」と記し、最後までその信念を貫いた。

鈴木大拙の霊性思想

鈴木大拙《だいせつ》（1870 - 1966）の『日本的霊性』がもっている優れた意味について河波昌は次のように語っている。鈴木大拙博士の著作『日本的霊性』（昭和19年）は、日本思想史の展開における最大の出来事の一つとして取り上げられることができる。近代ヨーロッパの思想的影響下にあった明治期以降の日本近代はもっぱら理性に偏重し、いわゆる霊性的視点が欠落していた。また日本仏教史そのものの展開の中でも豊かな霊性の展開があったが、いわゆる近代仏教学は教義学や文献学等に終始し、同様に霊性的地平をほとんど欠落していた（河波昌「『日本的霊性』について」『大乗禅』１９９６・９、No.824）。さらに川波はこの霊性の特質としてそれが「天地にわたって全宇宙的に充満しており、それゆえにそれはどこまでも天空的でありつつ、また大地的でもある」とみなし、大拙が説いた霊性の太地性に対し「天空性」を強調する。そして「その天空的なるものが大地的になることによって、霊性は現実的基盤を有することになる」とも説かれた。その有様がたとえば有名な芭蕉の俳句「あら尊《たふ》と青葉若葉に日の光」によって説明され、「日常的に経験する日の光に霊性的なものの現起が見られる。日の光に対する感覚は実はその感覚を通して霊性的なものの喚起をも意味しているのである。〈あら尊と〉とは日常的なるものに対する霊性的なるものの突破の様を示している。概して日本民族は感性的のものに即して霊性的なものを実現していく点で、世界的にも卓越無比である」と語られた（前掲書、6頁）。

ここには日本的な霊性についてのきわめて適切な見解が述べられる。霊性の大地性と天空性が指摘されているのは、宇宙論的な視点からは適切であるが、大地も天空も自然に属しており、そこには汎神論的傾向が見られ、人格的であるキリスト教的な霊性とは対立することも同時に指摘されなければならない。ところが「その天空的なるものが大地的になることによって、霊性は現実的基盤を有することになる」との川波の発言は、神の言葉の受肉を説くキリスト教の視点からすると、「天空的なるものが大地的になる」受肉こそ霊性の現実的基盤であることになる。

さて大拙は霊性の真義を説き、「霊性」は「心」や「精神」では表現できないものを意味しており、心は物と、精神は身体と二元的に対峙させるのが常であるが、両者を統一的に把握する作用が霊性であると言う。二つのものが対峙する限り、矛盾・闘争・相克・相殺は免れない。この両者を包んで二つのものが一つであり、また一つであってそのまま二つであるような作用が求められ、それが霊性であると説かれる。これは直覚力であって、精神よりも高次のものである。これは自覚の作用である。この霊性は「宗教意識」と言ってよいが、日本人の宗教観が浅薄なので、宗教意識の代わりに「霊性」という言葉が用いられる。実はこの霊性に目覚めることによって初めて宗教がわかる(『日本的霊性』岩波文庫、16—17頁)。

この霊性は精神の作用とは異なる。精神には倫理性があるが、霊性はそれを超越しており、精神は分別意識を基礎としているが、霊性は無分別智である。霊性の直覚力は精神のそれよりも高い次元のものであって、精神の意志力は霊性に裏付けられていることによって初めて自我を超越したものになる。こうした霊性は浄土教の純粋他力と大悲力によって説かれ、ここに霊性の扉が拓かれ、禅宗の悟りにおいて完成する。

このように二元的な対立の背後に統一を直観的に見る作用が霊性である。これは心身の二元論に霊性の次元を加えるというのではない。むしろ二元論の狭い見方を霊性の立場から克服することもめざすのである。そこでは自我の力を超えて観るのが直覚力の霊性である。このことはキリスト教の人間学的な三区分法「霊・魂・身体」と構造的には同じであって、霊性は魂の精神にも身体にも働きかけて思想や行動を生み出すのである。

次に彼は日本文化における霊性の発現について次のように語る。霊性は民族がある程度の文化階段に到達しないと覚醒されない。原始民族の意識にもある意味で霊性があっても、それは神道のように原始性のままのものもある。日本民族でも各人が霊性に目覚めており、その正しき了解者だというわけにはいかない。原始的な宗教意識にとどまっていたり、それを要求する人もいる。

霊性の覚醒は個人的経験で、もっとも具体性に富んでおり、それは民族文化の発展につれてそのなかの個人の上に現われるものである。人によってはこの霊性の覚醒を経験する機会に恵まれない場合もある。またそういう機会に遭遇しても内的準備が不十分なこともある。「詩は詩人に向かって吟ずるが好く、酒は知己とともに飲むがうまいので、その中の趣を解せぬものに、いくら説明してもわかるものでない」（前掲書、18―19頁）。

そこで彼は霊性を要約し「精神の奥に潜在しているはたらき」であると言う。この働きに目覚めると精神の二元性は解消して、精神はその本体の感覚・思惟・意志・行為を実現するようになる。こうした状態に達すると、さまざまな対立相克の悶《もだえ》は自然に融消し去り、宗教の本来の姿が実現する（前掲書、19頁）。

このような霊性は普遍性をもっており、具体的に作用するので、民族によって特性を発揮する。それゆえ「漢民族の霊性も欧州諸民族の霊性も日本民族の霊性も、霊性であるかぎり、かわったものであってはならぬ。しかしながら、霊性の目覚めから、それが精神活動の諸事象のうえに現われる様式には、各民族に相違するものがある。すなわち日本的霊性なるものが話され得るのである」（前掲書、20頁）。彼はこの日本的霊性を浄土系思想と禅に求める。この両者は外来の宗教のゆえに、純粋な日本的な霊性ではないと考えられるが、「仏教の働きかけで、日本民族の間にほんとうの宗教意識が台頭して、その表現が仏教的形態を取っても、それは歴史的偶然性で、日本的霊性そのものの基体は、この偶然なるものを突きとおして、その下に見いだされなければならぬ」（前掲書、21頁）と主張される。一般には神道各派が日本的霊性を伝えていると考えられるが、神道にはまだ日本的霊性が純粋に現われていないと見なされ、神社神道や古神道などは日本民族の原始的習俗の固定化したものにすぎず、「霊性の光はまだそこから出ていない。霊性が十分あると思う人もないでもないようだが、自分らの見るところでは無いと言いたい」と彼は解釈する（前掲書、同頁）。

さらに鈴木大拙は自らが依拠する禅こそ日本的霊性を実現していると見なし、その理由について次のように言う。

禅が日本的霊性を表詮《ひょうせん》しているというのは、禅が日本人の生活の中に根深くいこんでいるという意味ではない。それよりもむしろ日本人の生活そのものが禅的であると言ったほうがよい。禅宗の渡来は日本的霊性に発火の機縁を与えたのではあるが、発火すべき主体そのものはその頃十分に成熟していたのである。……奈良時代や平安時代の仏教は日本の上層生活と概念的に結び付いたに過ぎなかった。禅はこれに反して鎌倉時代の武士生活のまっただなかに根をおろした。そうして武士精神の奥底にあるものにつちかわれて芽生えた。この芽は外来性のものでなくて、日本武士の生活そのものから出たものである。さきに根をおろしたと言ったが、それは正しい表現でない。まさに萌え出でんとする日本的・武士的霊性のために、その通路を塞いでいるものを取りのけたと言ったほうがよい。碎啄《そったく》（禅道で機の両者相応ずること。）同時の機をここに見るわけである。……日本の禅生活は日本的霊性の上に花開くこととなった。室町時代から江戸時代をつうじて、禅的表現は日本人の生活の諸方面に展開していった（前掲書、22頁）。

さらに浄土系思想にも日本的霊性が発現している。真宗的な浄土に往生する「横超《おうちょう》経験」と「弥陀の絶対他力的救済観」にも日本的霊性が発現している。ここでの横超とは真宗の説く絶対的他力の教えを言う。では禅と浄土系思想の共通点は何であろうか。「日本的霊性の情性方面に顕現したのが浄土系的経験である。またその知性方面に出現したのが日本人生活の禅化である」（前掲書、24頁）。浄土系思想は情性的に展開し、絶対者の無縁の大悲が善悪を超越して衆生の上に光被《こうひ》してくる点を捉え、絶対者の大悲は悪によりても遮られず、善によっても拓かれないほどに、絶対に無縁で、分別を超越している。ここに日本的霊性の特質が明瞭である。それに反し知性的なのは禅であって、それは漢民族の実証的論理性を取り入れたが、南方インド思想にその源をおき、インド民族的直覚性をもって日本的霊性と接触し、禅思想となった。それゆえ浄土系思想と禅思想との共通点は、このような霊性的な直覚性に求められた（前掲書、27頁）。

大拙はこの霊性の大地性を力説する。彼によると霊性は人間の魂の深みから自覚されてくる。

「宗教は上天からくるともいえるが、その実質性は大地にある。霊性は大地を根として生きている。萌え出る芽は天をさすが、根は深く深く大地にくいこんでいる」（前掲書、42頁）。この大地性のゆえに仏教は庶民に行き渡った。浄土教の「純粋他力と大悲力」は一般の日本人の心にくい入る力があった。しかし、霊性の発現は浄土の教えよりも、そのことを悟ることにある。つまり浄土教が教《おし》うる「浄土」よりも、その絶対他力の「悟り」にこの教の本質がある、と彼は言う。「浄土往生は手段で、悟りが目的なのである」。それは絶対他力で超因果の世界の体認でなければならない。「浄土」というのは「一時通過すべき仮りの停車場の待合みたいなものである」。業《ごう》からの解放は「論理的に言えば、般若《はんにゃ》の即非観である」（前掲書、56頁）とも彼は言う。この即非の論理こそ大拙の説く禅的な霊性論理である。ここからいっさいは解釈されることになる（とくに務台理作が指摘するように「生命の慈母と大悲の抱擁と、煩悩識生と地獄必定とがいっしょになっている」ような「相即性」は問題である）。それゆえ「念仏」でさえ真宗の真髄ではないと解釈される。

このような大拙の禅による宗教史の解釈、とくに真宗の解釈に対して橋本峰雄（1924 - 1984）は次のように批判する。「こういう日本的霊性の顕現する〈大地の論理〉が禅の〈般若即非の論理〉であり、その〈大地の信〉が真宗の南無阿弥陀仏になる。この〈大地の論理〉と〈大地の信〉とが同じものであるかは、日本人の宗教における重大な問題であろうが、鈴木は、このようにして日本人の宗教経験のさまざまなタイプを究極的に一元化しようとした、つまり歴史的な日本仏教の〈宗派性〉を撥無しようとする大先覚者なのである。鈴木はこういう〈霊性の人〉である」（橋本峰雄「精神と霊性――仏教近代化の二典型」『清沢満之、鈴木大拙』「世界の名著43」39頁）と。

西田幾多郎の霊性思想

わが国が誇る最初の独創的哲学者であると一般に認められている西田幾多郎《きたろう》（1870 - 1945）に対して、先に論じた清沢満之と鈴木大拙は霊性思想に関してどのような影響を与えているのであろうか。このことを先ず考えてみたい。事実、その影響は大きく、「西田の〈絶対矛盾的自己同一〉なることば自体、はたして西田だけの独創であったのか、西田と鈴木の共作ではなかったのか、と疑いうるほどである」（橋本峰男、前掲書、42頁）とも言われる。

西田の「日記」は清沢について何回も言及する。たとえば「精神界にて清沢氏の文を読み感ずる所あり」（明治35〔1902〕年1月4日）とあり、清沢の死の直後には「午後6時頃より稲葉君を常光院に訪う。清沢氏の話などなす」（36年7月17日）、さらに「精神界のために知と愛という文を草す」（40〔1907〕年8月3日）とある。この日記にある「知と愛」は、初期西田の代表作『善の研究』の最終章となっており、「学問や道徳は個個の差別的現象の上にこの他力の光明に浴するのであるが、宗教は宇宙全体の上において絶対無限の仏陀そのものに接するのである。――

しかしてこの絶対無限の仏もしくは神を知るのはただこれを愛するによりて能くするのである」（前掲書、41頁）と述べ、内容と表現において清沢に倣った、と司馬遼太郎が指摘しているという。

ところで清沢を哲学者とみるとき、清沢と西田との形而上学の論理にどのような類似と相違があるだろうか。清沢はヘーゲル弁証法を批判して仏教的に再構成することによって西田の「絶対矛盾的自己同一」、「場所的論理」、「無の弁証法」への先駆となった。両者ともヘーゲル弁証法を批判的に受容することによって宗教哲学を構想したところに共通点が見いだせる。ところが清沢が反の段階で「反対対立」に留まったのに対して、西田の「絶対無」の弁証法は「矛盾」の底に一般者を求めたといえよう。ここにわたしたちは浄土仏教と禅仏教と相違点を求めることができる。「有」を根底に立てることによって彼岸と此岸の二元論が生まれてくるが、それを「無」で断ち切って初めて一元論となる。

次に西田に対する鈴木大拙の影響はきわめて大きく、両者は高等学校時代からの親友であることは紛れもない事実である。鈴木は一文不知の妙好人の信仰の論理が絶対矛盾の自己同一にほかならないと言って、「妙好人」を「哲学者が一生の智恵を搾って初めての道得底を、何の苦もなく、いいのけてしまう、市井の一老婆」とみなして西田をからかっている。西田は晩年になると鈴木の文を多く引用して、自説の根拠とさえした。それができるのは両者の基礎体験が一致しているからである。したがって西田の「絶対矛盾的自己同一」という「無の弁証法」は鈴木の「即非の論理」にほかならない。

橋本峰雄は「西田の生涯の作業は、鈴木が「修辞」をもって語る同じ世界の風光を「論理」をもって語ることであった」（橋本峰雄、前掲書、42頁）と言う。また思想の内容に関して言うなら、上山春平《しゅんぺい》（1921 - 2012）は「西田の思想のオリジナリティは、萌芽としてのそれであり、完成品としてのそれではあるまい」、それは「新たな論理への端緒をひらいたにすぎない」（『西田幾多郎』「日本の名著」の解説）とみなす。（おそらく同じことが鈴木についても妥当するであろう）。

鈴木は西田からは「大拙君は高い山が雲の上へ頭を出しているような人である」（上田閑照編『西田幾多郎随筆集』岩波文庫、70頁）と高く評価された。このような「高い山が雲の上へ頭を出してそこから世間を眺めている」という表現は実は両者に共通した特質であって、禅僧によく見られる知性的にして形而上学的な特質である。

わたしたちは晩年の西田が鈴木の「霊性」について同感の意を表明しているところを取り上げて霊性思想の特質を解明してみたい。西田は最晩年の著作『場所的論理と宗教的世界観』（１９４６年）の中で清沢の「宗教心」や鈴木の言う「霊性」を考慮して自己の宗教思想を考察しはじめる（西田の思想に対する清沢の影響を最初に注目したのは西田の弟子、西谷啓治であった。西谷が大谷大学で教えることになったとき、西田は清沢先生がおられた大学だから、とわざわざ注意したという）。

彼は『場所的論理と宗教的世界観』（１９４５年）の冒頭で宗教は「心霊上の事実」と規定され

る。彼はこの論文で「自己が一旦極度の不幸にでも陥った場合、自己の心の奥底から、いわゆる宗教心なるものの湧き上るのを感ぜないものはないであろう。宗教は心霊上の事実である。哲学者は自己の体系の上から宗教を捏造すべきではない」（『自覚について』岩波文庫、299頁）と語り始める。したがって宗教は確かな心霊的な事実であって、それが哲学者によって理論的に構想されたり、捏造されるべきものではない。むしろ人間が自己のあり方を問われ、自らが問題視されるようになるときに、つまり、人生の悲哀や自己自らの自己矛盾を通して「自己の永遠の死を自覚する」ときに起こる。これが心霊上の事実なのである。この事実は実は「霊性」を表明する。このことは大拙の書『日本的霊性』が出た当時、晩年の西田幾多郎がこの霊性をどのように受け止めていたかを考察して見ると明らかとなる。

西田は最晩年のこの論文で霊性を「心の根底」という人間の作用を心的な一つの客観的に明白な事実として捉え、そこに宗教的な超越と「矛盾的自己同一」の論理があることを洞察する（「霊性」が「心の根底」と同一視されている点は歴史的には重要な意味をもっている。わたしはこの点を『ルターと神秘主義』創文社において歴史的に解明した）。また彼は「相対的なるものが、絶対的なるものに対するということが、死である」（前掲書、326頁）、つまり自己が神に対する時は死であり、無となって逆対応的に神に触れると言う。

相対に対する絶対は絶対ではない。それ自身また相対者である。相対が絶対に対するという時、そこに死がなければならない。それは無となることでなければならない。我々の自己は、唯、死によってのみ、逆対応的に神に接するのである、神に繋がるということができるのである（西田前掲書、326頁）。

このように死によってのみ逆対応的に神に触れることが説かれることによって「絶対矛盾的自己同一」が霊性論理として展開する。わたしたちはここに西田の宗教哲学の根本思想を捉えることができる。そこで次にここでいう「絶対」とはどう意味であろうかと問うてみたい。彼は次のように自問自答する。

如何なる意味において、絶対が真の絶対であるのであるか。絶対は、無に対することによって、真の絶対であるのである。絶対の無に対することによって絶対の有であるのである。而して自己の外に対象的に自己に対して立つ何物もなく、絶対無に対するということは、自己が自己矛盾的に自己自身に対するということであり、それは矛盾的自己同一ということでなければならない（前掲書、327頁）。

それは自己が絶対の無にならなければ、自己が自己の中に絶対的否定を含むということはできないからである（前掲書、327―328頁）。「無が無自身に対して立つ」絶対矛盾的自己同一のあり方が「論理的に表現された神」であり、神は「逆対応的に自己自身に対し」自己のうちに絶対的な自己否定を含むから、自己自身によってあるものであり、このゆえに絶対の無にして有である。だから、全智全能だと見なされた。

これに続けて「故に私は仏あって衆生あり、衆生あって仏があるという、創造者としての神あって創造物としての世界あり、逆に創造物としての世界あって神があると考えるのである」と説かれる。この考えは、キリスト教徒からは「万有神教的」といわれるかもしれない。しかし、それは彼によると「対象論理的に神を考えるものの誤謬」である。「絶対」とは「何処までも自己否定において自己をもつ。……神は何処までも自己否定的にこの世界に於いてあるのである。この意味において、神は何処までも内在的である。故に神は、この世界において、何処にもないとともに何処にもあらざる所なしということができる」（前掲書、328―329頁）。このことは受肉や三位一体の神観に立つキリスト教の思想の霊的理解なしには成立しないように思われる。

だが、西田は先に指摘したように仏教的な霊性論理を、鈴木大拙の「即非の論理」によって説明し、さらに「何処までも超越的なるとともに何処までも内在的、何処までも内在的なるとともに何処までも超越的なる神こそ、真に弁証法的なる神であろう。真の絶対ということができる」

と説いて、自己の立場は、「万有神教的」ではなく「万有在神論的」Panentheismusというべきだと言う（前掲書、329頁）。ここにこそ西田と大拙との根本的な相違を見ることができる。大拙にはキリスト教の教理、とりわけキリスト論が欠如しているために禅宗の立場の主張があるだけである。しかし、西田が説いた万有在神論は西欧精神史においてもしばしば説かれており、精神史家ディルタイはそれを「宗教的普遍主義的な有神論」（religiös-universalistischer Theismus）と解釈し、それがルターの対抗にもかかわらず、エラスムスを通して勝利を収め、カントやシュライアマハーによって完成したと主張する（ディルタイ『ルネサンスと宗教改革』西村貞二訳、創文社、86頁）。ただし西田は「仏教の般若の思想こそ、かえって真に絶対弁証法に徹しているということができる」と説いた。そこに西田の「無の弁証法」の意義があるといえよう。

西谷啓治の霊性思想

西谷啓治は西田幾多郎のもとに学び、師の「純粋経験」の立場から西洋精神史を再考する。若き学徒の時代から鋭い論客として際立っており、若き時代の思想を集めた最初の論文集を『根源的主体性の哲学』（1940年）を出版し、その第1部「宗教と文化」の中の「近代意識と宗教」として纏められた5つの文章のなかに、彼の基本姿勢が表明された。それによると近代人は宗教への隷属から自己を解放したがやがてその生の肯定は人間中心主義、つまり自我中心主義に転落し、最高価値である神を否定し、ニヒリズムに転落した。これを超克するには自己自身を通しての自我の否定しかないとみなし、彼は自己の根底的な経験に立つ宗教哲学を求めるようになった。この経験を彼は宗教の「直接経験」という。それは神学思想が形成される以前の根源的な「基礎経験」を指している。したがって直接経験は哲学的な認識よりも宗教的な経験に適応されており、この経験はパウロよりもイエスに豊かに認められると説かれた（『直接経験――西洋思想史と宗教』〔対談〕西谷啓治と八木誠一、春秋社、1989年参照）。

その後西谷はエックハルト研究から成る著作『神と絶対無』（1948年）、『アリストテレス論攷』（1948年）、『ニヒリズム』（1940年）等を発表し、さらに西欧思想の徹底した理解と、また仏教についての深い理解と体得をふまえて、宗教の本質をめぐる思索を深め、代表作『宗教とは何か』（1961年）を刊行し、現代における宗教の根本的な意義を解明しようとした。

この書は西谷の生涯と宗教経験が詳細に語られている貴重な資料である。ここで西谷は西田の思想を受け継ぎながらも、ニーチェのニヒリズムの強い影響のもとに、一般的な意識を超えた存在の根底を「虚無」においてとらえ、そこから宗教の新しい可能性を「実在の実在的な自覚の角度からの自覚」として捉える。その序文によると「人間のうちから宗教といふものが起こってくる〈もと〉を、現在における自己の身上に、主体的に探求する」ことが試みられた。その場合、過去の事実に立脚しなければならぬことは勿論であるが、同時にそこに「現代の人間として自己に納得のゆくやうなもの、その意味では〈あったもの〉よりも寧ろ〈あるべきもの〉を、志向する」という態度が加わる。ここでは「現在から過去へ眼を向ける態度と現在から将来へ眼を向ける態度とが、一つに結びついてくる」。ということは宗教の本質を過去から理解するばかりか、過去があるべきものの探求に転じ、逆にあるべきものが過去のあったものの解明に転じることになり、「その境ひ目に立って省察する」試みであるとも言われる。したがってその省察は、「近代といふ歴史的境位の根抵に潜んでゐると思はれる問題を通して、人間存在の根抵を掘り返し、同時に〈実在〉（リアリティ）の源泉を探り直すといふ意図」のもとで宗教を問題にし、また「宗教と反宗教乃至は非宗教との両方に跨った、不確定に動く折衝地帯」に身を置いて省察することを試みている。このようにこの著作はあくまで宗教哲学の立場に立って宗教の本質を探求しようとし、しかも特定の宗教の教義や信条に立脚せず、総じて宗教というもの、さらには反宗教の立場をも視野に入れて考えようとする。こうした観点が、現代の状況下で宗教を問題にするとき、必然的に求められることは確かである。こうして従来とは相違する観点から宗教と霊性についての考察がなされるようになった。

したがって「実在の自覚、しかも実在の実在的な自覚」が考察の中心となり、この自覚において「実在自身の自己実現」が成立すると説かれた。たとえば英語には「実現する」と「わかる」

という両方を意味するrealizeという言葉があるが、実在の自覚には、実在自身が人間において自らを実現すると説かれる。そこに西谷の言う「実在の体認《たいにん》」が成り立つ。体認と言うからには哲学的認識の場合のように、観念的であったり理論的であったりしないで、宗教の理解が身をもって、つまり実存的に、宗教として成立すると考えられた（『宗教とは何か』創文社、8─9頁）。

こうして西田哲学における先に述べた「心霊上の事実」の中の「心霊」は、広く理解すれば、新プラトン主義者のプロティノスが説いたように、天地万物の心霊をも意味すると解することも可能である。だが、西谷には「心霊」よりは「実在」の方が事態をより一層適切に表わし、また、宗教的な「自覚」は単なる「事実」を一層深め、かつ、広めた次元までも包んでいると考えられる。そこに通常の自覚よりも「一層根源的な主体的自覚」が生まれる。なぜなら「自己の存在と事物一切の存在とが相共に一個の疑問符に化し、一つの問題に化する」ことが起こるからである（前掲書、22─23頁）。

こうして若き時代より説かれてきた西谷の根本主張「根源的な主体的自覚」が宗教を考える出発点に据えられ、宗教が通常の自然的・文化的生を根底から突き破り、覆し、生の根源に帰らせるという独自な宗教性がここに説かれた。その結果「宗教は我々にとって何のためにあるか」という理論的な問いは問いとして誤りであって、「我々自身が何のためにあるか」という実存的な問いによって破られる。すなわち、宗教は、「死とか虚無とか或は罪といふやうな、我々の生や存在や理想に対する根本的な否定を意味するもの、我々の存在から根拠を奪ひ、人生の意義を疑はしくする事態が、我々自身の切実な問題」となり、「我々の存在そのものが我々自身に疑問符と化する」という生の根本的転換点に立って初めて意味をもつ（前掲書、23頁）。こうして西谷では西田が形而上学的に問題としたことを実存的な問題として把握し直したところに新しい時代に即した問題提起があった。

このように自己の存在が全体として問題になったとき、「真の存在をリアルに知る」という自覚存在において「実在自身が我々に於いて自ら成り立つ」もしくは「自らを実現する」と主張し、先の「実在の体認」がそのままで「実在の実現」となると見なし、「実在の体認即実現」が説かれ、これを追求することこそ宗教的な欲求と見なされた。ところで死や虚無の自覚は一般的な自意識を突破した高い地平からの自覚であって、これが仏教的に「大疑現前」と言われる。この「大疑」においては「自己の分別を破るものが自己の根底から現れる」と説かれる。この転換こそ「大死一番乾坤《けんこん》新たなり」とか「大死の下に大悟あり」と言うことである。この大疑による転換において「自己と事物一切の根底から、それ自身がリアリティとして現前する」と語られる（前掲書、26頁）。したがって自己の無の自覚が神の愛を受け取る場所となり、罪からの転換としての信仰が大きなリアリティとなる。ここに絶対否定が絶対肯定と一つになって実現する。

さらに「信仰」との関連で「神」について考察され、「現代の無神論」ではサルトルの『ヒューマニズムは実存主義である』におけるように無神論が「神を考へる宗教の代用といふ位置にまで高められ、人間の存在に究極の根拠を与へようとする」。そこでも「人間の存在の根抵が無である」と考えられており、無神論が実存主義として成立するのは、その「無」が「どこまでも我々自身の根底として自覚され、我々の主体性そのものの基礎とされるから」であり、「主体的な自覚の深まり」として現れるからである。しかしそうした「無」は「自我に内在的にしか考へられてゐない」。それは自我の底にある跳躍板のような作用をしているが、それはキリスト教の神観「無からの創造」が影響しているように思われる。そこには神の絶対的な超越性から来る自己の「無」が重要な契機となっている。この無の自覚こそ仏教と共通する思想であって、キリスト教と仏教との共通した立場が見られる。このような「神の遍在」が世界にあまねく広がっているところに「神は従来考へられてきた意味での人格性にとどまらず」、また神と人間との関係も「人格的関係といふだけではなくして」、むしろ世界を介しての非人格的な人格関係、或いは人格的な非人格関係として考えられた（前掲書、47頁）。

このような実存的な問に対する実存論的な解釈は西田の形而上学的な「絶対矛盾的な自己同一」とか「絶対無」を、実存論的に把握し直したものであって、現代の要請にいっそう適切に応答する試みであるとみなすことができる。このような西谷の霊性思想は無の意識の場で成立しているが、その霊性作用は、仏教とキリスト教の両者では共通に認められる。

第7章　東西霊性思想の比較考察

東西の霊性思想を比較するに当たってキリスト教と仏教がそれぞれ主張する教義や世界観は共通性よりも異質性が際だっており、比較の試みは挫折を余儀なくされるであろう。ゆえにわたしたちは教義や世界観の比較を企図するのではなく、仏教とキリスト教によって展開した霊性の機能と運動とを比較考察すべきである。この霊性の形成過程に注目するならば、キリスト教と仏教における霊性の一致点と相違点をわたしたちは指摘できるのではなかろうか。

そこでまず宗教における一般啓示と特殊啓示の問題を採りあげ、この区別がキリスト教と仏教によって共通に認められる点を確認し、次にエックハルトの解釈について問題にした後で、禅の立場からのエックハルト解釈を問題にし、さらに仏教とキリスト教の霊性形態をを比較してみたい。そこに東西の霊性の共通点と相違点を把握する手がかりを求めたい。

一般的啓示と特殊的啓示

人格神の伝統は神が「聖なるもの」として人間に語りかけるという経験から起こったといえよう。創世記には二つの世界創造の物語がある。その中で古い記事は第2章4節からに記されており、「父なる神は土の塵で人間を造り、生命の息をその鼻に吹き入れられた。そこで人は生きたものとなった」(創世記2・7)と語られる。人間は土の塵で創られたので、その本質において朽ちて死すべきものである。しかし、それでも人が生きるのは神の霊が息吹として吹き込まれたからである。それ自身では塵のように無なる存在であるがゆえに、ただ神によってのみ人は生きる。これが人間の被造物としての根本的な理解である。次に第1章の新しい記事である祭司資料に向かうと、その最初の部分には「地は混沌《こんとん》であって、闇が深淵の面にあり、神の霊が水の面を動いていた」(2節)とある。この水は原始の積水であって、それはバビロン神話のアスプーとティアマトという「始原の水」である神々を前提とする発言である(ここでの原始の海〔tehom〕は言語的に言ってティアマト〔tiamat〕と類似する語である)。ここでは世界が造られる前に混沌状態が指摘される。だがヘシオドスの『神統記』のように混沌〔カオス〕が、神を生みだしたのではなくて、「初めに神が天と地を創造した」とあって、すべてに先立って最初から神は世界を超越した存在なのである。しかも「そして神は〈……成れ〉と語った。するとそのように成った」とあるように、その発する声によって万物が造られたと説かれる。その中に星辰が四日目に造られたとあって、太陽や月が被造物として創造されたことを告げる。これによってバビロンの星辰宗教は拒絶される。実際、バビロン神話のマルドゥクは「太陽神」であったが、ここでは太陽は神々の名前ではなく、単なる大きな燈火《ともしび》に過ぎない。

一般的にいってわたしたちの目には見えなくともその声によって聖なるものの実在に触れることは可能である。パウロは「実に、信仰は聞くことにより、しかも、キリストの言葉を聞くことによって始まるのです」（ローマ10・17）とまで語っている。こうした言葉しかも生ける語られた言葉は「声」によって直接わたしたちの心に触れてくる。たとえばアダムが神の戒めに背き「神の顔を避け」楽園の木の下に身を隠したときにも、神は「どこにいるのか」と呼びかける（創世記3・8—9）。預言者イザヤは「恐れるな、わたしはあなたを贖う。あなたはわたしのもの。わたしはあなたの名を呼ぶ」（イザヤ書43・1）と語る。この神の言葉の威力は「岩をも打ち砕く」（エレミヤ2書3・29）と比喩的に述べられたが、預言者エリヤは神の声を「静かにささやく声」（列王記上19・12）として捉えた。さらに神の声を聞くことによって人は回心と新生とを体験する。その有様はたとえばアウグスティヌスの『告白録』にありのままに描かれる。「主よ、ご覧のとおり、わたしの心の耳はあなたの御前にある。その耳を開いて、〈わたしはおまえの救いである〉とわたしの魂に語ってください。わたしはこの御声を追いかけ、あなたを捉える」（I・5・5）。

こうした神は人格神である。だが日本人は総じて人格神を理解することができない。それは歴史的諸条件と他の文明から長い間隔離された島国という地理的条件によって人格神にふれる機会がこれまでなかったからとも考えられる。こういう歴史的制約や伝統が大きな制約となっており、あるのはどの国にも蒙昧な段階に見られる原始的自然宗教とそれが洗練された理神論のような自然的宗教だけである。そこでは神道や仏教の影響を受けても、世界を超越する人格的な神を経験することがなかった。

しかし、イエスや仏陀のような特定の人格を媒介にしなくとも、個人や集団の生活にもとづいて人は神性の一般的啓示を経験し、自己の霊性の自覚に達することができる。この種の啓示は「一般的啓示」（allgemeine Offenbarung）とか「原啓示」（Uroffenbarung）と呼ばれる。それは実定的宗教（positive Religionen 歴史的に成立した宗教、つまりユダヤ教、キリスト教、イスラム教、仏教をいう。）に対しては「自然的宗教」とも呼ばれる。この二者は絶対に相容れない性質のものではなく、自然的宗教では啓示の契機も特定の歴史的人格から離れて一般的に考察されているため、宗教の自然的本質の解明には不可欠であり、これなしには特殊啓示も成立しないといえよう。こうした自然的宗教における霊性の自覚は宗教の人間学的な考察によって解明できると思われる。というのは宗教を否定するように見える時代の思想をも含めて、その時代と社会とを担っている人間の生の根底には霊性が認められるからである。そこでこうした霊性の自覚を引き起こしているいくつかの契機について考えてみたい。

霊性の自覚は、日常生活が円滑に進行しているかぎり、目覚めることは一般にないといえよう。

通常の意識は感性や理性によって把握され、霊性という魂の「奥の院」（大拙）にまで達することはまずないといっても過言ではない。しかし意識されていないからといって、霊性が存在しないとは言えない。では通常の表層的な意識はどのように突破されるのであろうか。この種の突破ということを知らない生き方は、自己満足から来る安心さの中にあって人間的な「破れ」を知らない。しかし、こういう安心さは幸福のように見えても、きわめて脆いものであり、そのまわりには秘かに不安が漂っている。この状況についてキルケゴールは『死にいたる病』で次のように語っている。

人間的に言えば、あらゆるもののなかで最も美しいもの、最も愛らしいものでさえが、すなわち、平和と調和と喜びそのものにほかならぬうら若い女性さえが、やはり絶望なのである。すなわち、これは幸福なのであるが、しかし幸福は精神の規定ではなく、幸福のいちばん秘密な隠れ家の深い深い内部に、その奥底に、そこには、絶望にほかならぬ不安も住んでいる。……自分ではどれほど安心と平安を得ているつもりでいても、実は不安であり、だからまた当然、たいていは、無に対する不安である。（キルケゴール『死に至る病』増田啓三郎訳、世界の名著、451頁）

この直接性を突破させるのは苦難と試練である。これによって自己肯定の直接性が突破されていないと、わたしたちは感性と理性とによる能動的生き方に終始してしまい、霊性のもっている受動的な「感得」機能を自覚することはない。実に苦難と試練こそ直接性を打ち砕いて、謙虚にし、聖なるものに対する受け身の態度を得させるといえよう。

またこの自然的宗教では啓示の形態をとって現れていない神性に直接無媒介に接触する試みが起こる。それはイザヤの言葉によって「隠された神」(déus abscónditus) と呼ばれている (イザヤ書45・15)。ルターはこの「隠れたる神」を神の言葉という衣をまとっていない「裸の神」(deus nudus) とか「神自身」(deus ipse) また「神の荘厳」(maiestas dei) と呼ぶ。彼が比較的若いころ経験したこの種の神についての記録を参照してみたい。

ところでわたしもそのような苦しみをきわめて短い時間の間隔ではあるが、しばしば蒙ったことのある一人のひとを知っている。しかし、その苦しみは舌でもって語ることも、筆で書くことも、経験のないものが信じることもできないほど大きくかつ地獄的であった。……ここで神はたけだけしく怒っているように思われる。そして神とともに同時に被造物の全体もそう思われる (WA. I, 557, 33ff.)。

ここには恩恵を経験する以前に感得した神との接触体験が示される。ここには接近しがたい聖なるものとの触合いの事実が異常なほどの激しさをもって表出されている。

自然的な啓示と特殊啓示とを分ける点ではキリスト教と仏教は同じ歩みをともにすることができる。自然本性による超自然的な認識はこの二つの宗教に共通したものである。ところが両者を分かつ視点は、歴史で実現した実定的な宗教が説く「特殊啓示」なのである。キリスト教の場合には神の言葉であるキリストに対する信仰が、仏教の場合には仏陀への帰依が要請される。アウグスティヌスの経験では人間を超えた超越者との邂逅によって知性による認識が挫折したとき、永遠者の「声」、つまり「神の言葉」を聞くことによって回心が起こった。したがって信仰は神の言葉を聞いて受容する機能であって、ここにキリスト教的な霊性が認められる。「聞く」というのは他者との邂逅と対話によって生じる「人格的な出来事」である。仏教の場合には仏陀との邂逅が釈迦に向かって立てた願である阿弥陀仏を介して実現するかぎり、キリスト教との共通な経験となる人格的な出来事が当然起こっている。だが、それを把握する知性的な「悟り」をもって信徒が安心立命をめざすかぎり、仏陀では人格的な関係が後退するようになったと思われる。

エックハルトと禅仏教

ヨーロッパのキリスト教霊性思想は「ドイツ神秘主義」と総称される霊性思想によって神秘主

義的な霊性思想のピークを迎える。その代表者はエックハルトであった。彼には第2章で説明したように、形而上学的思弁的な要素が表明されており、この点が禅仏教から高く評価されてきた。エックハルトにはルドルフ・オットー（Rudolf Otto, 1869 - 1937）が『西と東の神秘主義』で解明したように、仏教との比較が可能であった。日本のエックハルトの研究者である鈴木大拙や西谷啓治によってもこの比較考察が行われてきた。しかしここで注目しなければならないのはエックハルトの形而上学的思弁的な神秘主義は彼の神秘思想の一面であって、キリスト教に固有な伝統的な人格的な要素も認められる点である。

ところで思弁的と人格的とに単純には分けられないが、前に考察したように、イングの研究以来、一般的にはエックハルトは「神化」をめざす思弁的な思惟——神秘主義も説かれていると考えられてきた。しかし、その弟子のタウラーやゾイゼのみならず、彼に続くドイツ神秘主義では次第に彼の形而上学的思弁的な側面が後退し、希薄化し、ヤン・ヴァン・リュースブルクの『霊的婚姻』（1335年頃）に至ると人格的な神秘主義が全面的に開花する。事実、エックハルトはハーデウェイヒとマクデブルクのメヒティルトによって説かれた女性神秘主義の霊性思想を受け継いでおり、同時代の霊性思想をトマス主義の知性の観点からそれを解釈し直し、新しい思想を確立したといえよう。ただし彼は女性神秘主義が情感的になりやすい傾向を好まず、ケルンで修道女たちに説教したとき、神秘的なるものを知性的に考察するように導いていったといえよう。エックハルトのドイツ語の説教を聞いた女性たちの中には多数のベギン会（中世に起源をもつ、女性による半修道会的集団。）の会員がおり、この会の傾向を無視することはできなかった。したがってドイツ語の説教と著作がここでは重要となる（ドイツ語の著作では『神の慰めの書』と『高貴な人について』とは一つの纏まった書である。これらによって聖書、哲学、神学から40を超える慰めの根拠が述べられる。また論説『離脱』は長い間、真偽のほどが疑われたが、重要な作品である〔成立年代は不詳〕。ドイツ語の『説教』〔全集版八六編〕は、聴衆によって記録され、彼の神秘主義の最も重要な資料となる。なお、女性神秘主義との関係について中川憲次「ベギンの女性とマイスター・エックハルトの出会い」宮谷宣史編『性の意味』新教出版社、182—203頁参照）。

たとえば知性的に考察すると「神は存在である」（Esse deus est）ことになる。この神の存在に対して被造物は、それ自体としては何ものでもなく、無である。「存在の外には、また存在なしには、すべてのもの、また造られたものは無である」ということになる。それゆえ神に還帰するために魂は神以外のすべてから「離脱」しなければならない。したがって純粋に霊的な合一と観想に至るためには、すべての創造されたものからの解放、つまり彼が「離脱」（Abgescheidenheit）と呼んだものが根本的に不可欠である。その際、彼は当時の神学の見方、つまり罪とその救いに関する福音的教説を前提としながらも、知性による神性の認識を通して魂の諸力を検討し、それによって神秘的合一を解明したといえよう。

したがってエックハルトには先に第2章で指摘した神秘主義の二つの形態が認められるが、たとえ超越的な形而上学が目標であっても、人格的側面は『修道の説話』では意図的にめざされている、すくなくともそれを前提としていたといえよう。そのため禅仏教からは前者の思弁的な形而上学だけが受容され、後者は完全に無視されることになった。この傾向は今日ではいっそう露骨になり、エックハルトにおける神秘主義の非―神秘主義化が説かれるまでになり、エックハルとの人格主義が拒否されるようになった（上田閑照『非神秘主義――神とエックハルと――』岩波現代文庫、２００８年参照）。

神秘主義も知性や理性を強調するか、意志や感性や情緒を強調するかによってその性格が決定される。エックハルトはトマス・アクィナスの主知主義に立って理性の霊的な作用を強調し、思惟によって思索を深めた。そのため一般的に「思惟―神秘主義」(Denk-mystik) もしくは「思弁的な神秘主義」と言われる。しかしエックハルトを全体的に考察すれば、人間の霊を「魂の根底」として語るようになり、根底それ自体は創造されざる、また創造されえない「あるもの」(etwaz) であると言われる。それは人間の内における、神に等しい高貴なものであって、神的生が誕生する場であり、また精神ないしは「知性」(vernünftichkeit) によって接近可能な純粋に観想的な生活の次元である。この霊は「神性」と一つになることによって「高貴なる人間」を創りだし、真の観想を実現させる。それは知的なものであって、その中には新プラトン主義と融合したトマス主義の思想を看取することができる。
ところでエックハルトに対する「異端審問で検討された禁止命題」の中には人間の神への変容(10―13、20―22命題)、つまり「神化」の問題が含まれていた。わたしたちはここに見逃すことができない重大な訂正を見いだすことができる。彼はケルンの審問官の前で次のように答えて弁明した。

われわれが変容させられ、神に変化させられると言うのは誤りである。事実、聖にして善なる人間もキリスト自身に、神の独り子になることはないし、他の人間がその人間によって救われるわけではない。その人間は神の似姿である神の独り子ではないが、真にして完全なる独り子の肢体と相続人として、神の似姿にあずかっている。……われわれの魂も養子縁組によってそうなるのであり、われわれは、キリストである教会の唯一の頭の肢体として、真なる神の独り子に合一させられるのである」(『マイスター・エックハルトのラテン語の弁明書』15頁)。

この弁明の中でエックハルトはキリストと人格的に合一する「キリスト神秘主義」を語っており、思弁的な変容と汎神論的な神化ではなく、キリスト教的観点から見て正統的な信仰を保持していたことが知られる。こうしたエックハルトに認められるキリスト論を無視して、これまで日本の禅思想家たちはヨーロッパのキリスト教思想家の中から特にエックハルトに共感し、その思索を積極的に受容してきた。彼らは「キリストとの一致」や「神との合一」を説く人格的なキリスト教神秘主義を無視し、もっぱら純粋な思惟に立つ思弁的側面だけを受容してきたのではなかろうか。そこには最初からキリスト教の人格的な交わりが視野に入って来ていない。彼らは最初から禅の立場に立っており、この立場からのみキリスト教を捉え、エックハルが説いた非人格的形而上学的な思弁にのみに関心を寄せてきた。これも禅の立場からは不可避的な成り行きであって、キリスト教の人格的理解は総じて礼拝や祈りによって起こりうるキリストとの人格的交わりの経験なしには総じて不可能であるといえよう。

東西の恩恵宗教（1）——法然とルター

次に、わたしたちは東西の霊性思想を比較するに当たって、日本の鎌倉仏教と西洋の宗教改革の対比が一般によくなされてきた伝統にしたがって、考察を試みてみたい。その際、よく行われた比較は法然とルターであった。たとえばマックス・ウェーバー（Max Weber, 1864 - 1920）は言う、「13世紀初頭に創始された浄土宗は、少なくとも一切の自力行を神聖化することを拒否し、阿弥陀仏への敬虔でひたむきな帰依の意識を強調した限りで西洋のプロテスタントに比較され得る」

(Max Weber, Gesammelte Aufsätze zur Religionssoziologie, II, S.303) と。

また現代ドイツの宗教哲学者ベンツは法然とルターが比較されうると見て次のように言う。「むしろ既存の宗教的伝統に根本的な懐疑の念を抱き、一つの大きな宗教思想の流れを最初に創りだしたという意味で、比較対照されるべきなのは、法然とルターではなかろうか」(ベンツ『禅　東から西へ』春秋社を参照) と。

その際、ベンツは法然たちが救済や済度達成への深甚な切望の念に満たされて親しく実行してみた試みの、つまり同時代の日本仏教のさまざまな大宗派が説く愚痴・無常・煩悩の状態から解脱にいたる一切の方法を身をもって実践した試みの、重要さに注目した。とくに彼らは華厳・天台・真言の各宗派の方法にしたがって瞑想のさまざまな修行に勤しんだが、救いを見いだすことができなかった。こうした彼らの修業過程に見られる研鑽はルターの求道の歩みを当然思い起こさせる。ルターもやはり法然と同様に伝統となっていた後期スコラ神学の救済方法を身をもって修道院で試みてみたが、そこに救済を見いだすことができず、新約聖書に帰って行ってパウロ思想の中に「神の義」を発見したのであった。

法然も仏教の聖典やその古典的な注解書そのものに照らし合わせて救済の道を再検討するに至った。その途次に中国の浄土教の偉大な開基者の中でももっとも偉大な善導《ぜんどう》(613 - 681) の『観無量寿経疏』4巻の中の一節に出会い、それによって廻心の転機を得た。その箇所で善導が力をこめて指摘したのは、「一心に専ら弥陀の名号を念じて、行住坐臥《ぎょうじゅうざが》、時節の久近を問わず、念々に捨てざる者、是れを〈正定の業〉と名づく。彼の仏の願に順ずるが故に」ということであった。つまり念仏を唱えれば凡夫といえども、臨終にのぞんで直ちに極楽往生をとげることができると言われる。したがって仏陀の歴史的出現の時点からどんなに遠く隔てられている凡夫であっても、弥陀の名号を繰り返し唱えれば、弥陀の誓願の功力によって必ずや浄土に転生できるという確信を得た。この信仰の確信という「確実さ」(Gewissheit)こそ法然とルターを結ぶ決定的な共通点なのである。

法然が仏教の経典を読み漁っていたときに『観経疏』に出会ったように、ルターもアウグスティヌス派の修道院で聖書に読みふけっていたとき、パウロのローマの信徒への手紙の一節「信仰による義人は生きる」(1・17口語訳、新共同訳「正しい者は信仰によって生きる」)の真の意味を発見する。その詳しい事情は『ラテン語全集』第1巻(1545年)に「序文」として寄せた自伝的文章に次のように述懐されている。

わたしは修道士という非難の余地のない生活をしていたにもかかわらず、神の前には極度に不安な良心をもつ罪人であると感じた。そして神がわたしの罪の償いによってなだめられるという確信がもてなかった。同時にわたしはこの義にしてかつ罪人を罰する神を好むどころか、かえって嫌っていた。……それでもわたしは使徒パウロのこの一節で使徒が何を言おうと欲しているのかを知りたいと熱心に願い、性急に探索した。……わたしは、「神の義」がここでは義人が神の贈物により、つまり信仰によって生きる際の、その義であり、福音によって神の義が啓示されているという、この〔義という〕言葉が明らかに「受動的」であって、それによって神はあわれみをもって信仰によりわたしたちを義とすると、理解しはじめた。……そのときわたしはまったく生まれ変わったような心地であった。そしてわたしは広く開かれた門から天国そのものに入ったように思った（WA. 54, 185, 17ff.)。

ここに「神の義」の新しい認識が開示されたことが述べられる。つまり「神の義」というのは、それによって神が罪人を裁く審判の正義ではなく、キリストの福音のゆえに罪人を義人とみなす、したがって人間の側からは信仰によって受動的に与えられる義である。この宗教的な義は神と人との間柄関係の正しさを意味するのであって、それは人格間の間柄が「信仰」や「信頼」によって成立しており、内容的には神の判断、すなわち罪人にもかかわらず義人と認定する神の恩恵の行為によって成立する。もちろんこのような判断と認定は恣意的なものではなく、十分の根拠をもっている。そこにキリストの贖罪の意義があって、キリストの死のゆえに神の義認の判定は現実に有効性をもってくる。

同じことが法然においても明瞭に説かれている。『撰択《せんじゃく》本願念仏集』の終わり近くで救われるためには何をなすべきかを「選び分け」（選択し）て彼は次のように言う。

計《はかりみ》れば、それ速やかに生死を離れんと欲わば、二種の勝法の中に、しばらく聖道門を閣《さしお》いて、浄土門に選入すべし。浄土門に入らんと欲わば、正雑《しょうぞう》二行の中に、しばらくもろもろの雑行を抛《なげす》てて、通じてまさに正行に帰すべし。正行を修せんと欲わば、正助二業の中に、なおし助業を傍らにして、選じてまさに正定を専らにすべし。正定の業とは即ちこれ仏名を称するなり。み名を称すれば、必ず生ずることを得。仏の本願によるが故なり（『選択本願念仏集』岩波文庫177－178頁）。

「よくよく考えてみると、生まれかわり死にかわる迷い苦しみに満ちた生活をのがれたいと思えば、二つの勝れた方法がある中、しばらく悟りの道をさしおいて、救いの道を選ぶようにせよ。救いの道を求めようと思えば、これにひとすじのつとめとさまざまなつとめがある中、しばらくさまざまなつとめを捨て、ひとすじのつとめを選び、心をうちこむようにせよ。ひとすじのつとめに励もうと思えば、必ず救われる正しいはたらきと助けとなるはたらきがある中、助けとなるはたらきを傍らにおき、必ず扱われる正しいはたらきを選び、ひたすらつとめるようにせよ。必ず救われる正しいはたらきとは、とりもなおさず阿弥陀仏のみ名をとなえることである。み名をとなえれば、必ず浄土に救われる。何故かといえば、阿弥陀仏の誓いにかなっているからである」(『法然全集』第2巻、大橋俊雄訳、309―310頁)。

ここでの選択は聖道門から浄土門への決断であるが、まず「悟りの道」を捨て「救いの道」が選択され、多くの救いの道を捨てて一筋の救いの道を選択し、その中でも助けとなる働きを捨てて救われる正しい働きを選び、最後の救いは念仏にあると説かれる。その理由は「仏の本願によるが故なり」とある。ここに仏の救いの意志に全面的に信頼を寄せる信仰が説かれた。それは「信仰のみによる」(sola fide) というルターの思想と一致する。

東西の恩恵宗教 (2) ――親鸞とルター

現代のキリスト教教義学の大家K・バルトは同じ浄土教の中でも法然よりも親鸞を高く評価し、その純粋な恩恵論について次のように言う。

源空〔法然〕は、積善の功あるもろもろの善行の可能性を必ずしも否定しなかったのであるが、親鸞によればその可能性はまったくなく、すべては心からの信仰（Glauben des Herzens）による。生死の輪廻から何らかの自力的行為によって解脱し得るには、わたしたちは深く肉の諸欲に（in den fleischlichen Lüsten）しばられすぎている。人間がすべきこと、なし得ることは、人間の側からのいかなる行為もなしに、ただ弥陀の側から廻施《かいせん》された救いへの感謝のほかには何もあり得ない（Karl Barth, KD. I Band, Zweiter Halbband, 1939, S. 373)。

親鸞（写真・上）とルター（写真・下）の間には300年の隔たりがあるが、多くの学者が認めるように、ともに恩寵の宗教を説いた点で著しい共通点がある。『歎異抄』の中で親鸞が自分のことを「罪悪深重《じんじゅう》、煩悩熾盛《ぼんのうしじょう》の衆生」（第1条）と言うとき、彼が考えているのは個別的な自己の行為ではなく、人間のあり方とその自覚であった。そこから「弥陀の五劫《ごこう》思惟の願をよくよく案ずれば、ひとえに親鸞一人《いちにん》がためなりけり」と告白する。これは「総結」に記されている親鸞の絶えず口にしていた言葉であり、「親鸞一人」に端的に現われている宗教性に注目したい。阿弥陀仏が法蔵菩薩として修業中、衆生救済のために48願を立て

たが、その前に五劫の長きに亙って思案に思案を重ねて誓われた本願は、よくよく考えてみると自分一人のためであった、と語られている。この「私のため」(pro me)という自覚の次元が宗教的な霊性を呼び起こした。

同様にルターも悪人の罪を語るとき、とりわけ原罪について言及する場合には、個別的な悪行については考えずに、人間存在の全体のことを考えていた。それは自覚という次元での人間の自己理解である。したがって彼は個々の実行罪と原罪とを区別する。彼は『詩編五一の講解』でこの点を次のように説いている。

ダビデは何らかの行為についてではなく、〔人間を形づくる〕質料について単純に語って言う、「そこからわたしが形成された質料である人間の種子は悪徳と罪によって全体的に腐敗した。質料自体が悪化しており、そこからわたしがこの器として造られ始めた泥土はいわば断罪すべきものである。それに優るどんなできばえをあなたは欲するのか。わたしはそのようなものであり、人間はすべてそのようなものである。わたしたちが誕生し人間となり始めるに先立って、わたしたちの懐妊自身と母の胎における胎児の発育そのものが、罪である」と。……彼は、未発達の種子そのものについて語っており、それが罪に染まっていて壊敗のかたまりであると告げる(ルター『主よ、憐れみたまえ――詩編五一編の講解』金子晴勇訳、教文館、100頁)。

この原罪観を通してルターと親鸞との関連を考察してみたい。ルターが説く原罪は、個別的な実行罪ではなく、全体的な人間存在にかかわる根源的な欠陥である。それは「傷」を受けた本性である。本性の損傷は神に対する転倒した恐れと愛を生む。「この神の怒りはわたしたちの罪が神に知られていることから生じる。これらの罪と神の怒りの原因は、この肉が楽園におけるアダムの堕罪によって損傷されたため、神に対する転倒した恐れと愛、また自己自身に対してもそれをもつようになった点に求められうる」（前掲訳書、104頁）。

ところでルターは修学時代に中世後期のスコラ神学を学び、その教えとの苦闘を通して救済の経験に到達した。その際、彼を支えたのは聖書とアウグスティヌスであった。親鸞も「南都北嶺にもゆゆしき学生《がくしょう》たち多く座《おわ》せられて候なれば」とあるように、比叡山に籠もって仏典の研究に従事したが、『観無量寿教』と法然によって救いを見いだしたのであった。それゆえ彼は言う、「親鸞におきては、ただ念仏して弥陀にたすけられ参らすべしと、よき人〔法然〕の仰せを蒙《かぶ》りて、信ずるほかに別の子細なきなり」（親鸞『歎異抄』、第2条）と。

このように両者の思想はともに「専心念仏」と「信仰のみによる」（sola fide）の主張に結実する。親鸞の念仏が徹底していたということは、空《から》念仏をとなえるのではなく、念仏が生活の全体に貫かれるためである。彼は今までの清浄な生活に甘んじないで、人間の一般的生活の全体の上に念仏を活動させるために、「肉食妻帯」に決断した。このようにして彼は生活の全体をもって仏の恩を感じ、大地にまで信仰を降ろして根付かせることができた。そのため彼は妻帯を決断し、農民と共に生きぬいた。同様にルターも誓願を立てた修道士の聖性を無益なものとみなして退け、あえて結婚に踏み切った。

さらに親鸞の思想を特徴づける悪人正機説は逆説的であるが、ルターの神学も「逆説的神学」と呼ばれる。親鸞の説はこうである。

善人なをもて往生をとぐ、いはんや悪人をや。しかるを、世のひとつねにいはく、悪人なをもて往生す、いかにいはんや善人をやと。この条、一旦そのいはれあるににたれども、本願他力の意趣にそむけり（前掲書、第3条）。

この悪人正機説は霊性的思考である。そこには道徳的な因果応報説は否定されて、悪なるがゆえに善が報いられるという「逆対応」の関係が説かれた。

このような「逆対応」の関係はルターのもっとも有名な著作『キリスト者の自由』の中でもはっきりと説かれている。この著作で彼はキリストを信じる者に授けられる義を旧約聖書の「雅歌」に歌われる花婿と花嫁との愛の関係でもって説明する。すなわち花婿キリストと花嫁の魂との合一をキリストに対する主体的関わりである信仰に帰し、キリストと魂はすべてを共有するという観点から信仰義認論を説き明かした。その際、彼は義認をキリストと魂との間で行なわれる「喜ばしい交換」でもって捉え、この「交換」つまり「取引」について次のように言う。「このように富裕な高貴な義なる花婿キリストが貧しい卑しい賤婦を娶って、あらゆる悪からこれを解放し、あらゆる善きものをもってこれを飾りたもうとしたら、それは何とすばらしい取引ではないか」(WA. 7, 26, 4-7)。

ここでの花婿と花嫁との結婚はキリストが「富裕な高貴な義なる花婿」であるのに対し魂のほうは「貧しい卑しい悪い賤婦」であると規定される。それゆえ両者の結合関係は常識的な対応関係を完全に覆す「逆対応」となっている。一般的な「対応」ではよい花婿とよい花嫁とが結ばれているが、ここでは善い花婿と悪い花嫁とが結ばれているがゆえに、その関係は逆対応となっている。この通常の対応関係とは正反対の対応が逆対応であり、この点でルターと親鸞は一致する。『教行信証』の「行巻」の冒頭で称名念仏以外には救済の道がないことを親鸞は簡潔にして明瞭に説いており、真実の行が如来から与えられた廻向《えこう》の大行であると説き、彼の恩恵説を語っている。そこには次のように記されている。

「謹んで往相《おうそう》の廻向《えこう》(浄土に生まれるすがた)を案ずるに、大行あり、大信あり。大行といふは、すなはち無碍光如来《むげこうにょらい》の名を称するなり。この行はすなはちこれ、もろもろの善法を摂し（そのなかに収め）、もろもろの徳本（功徳のもと）を具せり。極速圓満す（それらを、きわめてすみやかに、しかも円満に与える）。真如一実《しんにょいちじつ》（一切のもののありのままの真実のすがた）の功徳宝海《くどくほうかい》（功徳をたたえた宝の海）なり。ゆゑに大行となづく（名づける）。しかるにこの行は大悲の願より出《い》でたり。すなはちこれ諸仏称揚の願となづけ、また諸仏称名の願となづく」（親鸞『教行信証』岩波文庫、37頁）。

この大誓願は諸仏称名の願（48則の第17願）であり、「悟って仏になったとしても、あらゆる世界の、あらゆる歴史を貫いた諸仏が悉くほめたたえて称揚し、わが名を称せずんば、正覚をとらじ」という誓いであった。ここから生じる「南無阿弥陀仏」という「称名」の行は、霊性的にはすでに弥陀の大悲願に対する信を含んでいる。これはルターの恩恵論の内容である「キリストのみ」と「信仰のみによる」の主張と一致する。

こうした共通点にもかかわらず、たとえ救い主「キリスト」と「阿弥陀」や「法蔵菩薩」とが同じく救済者であっても、イエスの歴史的実在と人格的関係との相違点がどうしても際だってくる。キリスト教では聖者イエスとの時空を超えた人格的な触れ合いが説かれるが、仏教では知的な悟りが本来の姿であって、この悟りが中心であるため知的な直観によって聖なる法を捉えることがめざされる。

カトリックの霊性思想と禅仏教

カトリック教会の指導者の中にはキリスト教の信仰を堅持しながらも、積極的に禅仏教を受容し、キリスト教との接点を探求してきた人たちが多く見られる。その中で霊性の視点からそれを捉えようと試みたマートンとデュモリンさらに門脇佳吉の見解を紹介してみよう。

(1) マートンと禅仏教

現代カトリックの神学者の中で霊性を力説するトマス・マートン（Thomas Merton, 1915 - 1968）の学説が注目に値する。彼は１９１５年フランスに生まれ、第一次世界大戦のとき、アメリカに移住し、１９３８年にクエーカーからカトリックに移った。１９４１年に太平洋戦争が始まった直後修道院に入り、１９４４年に誓願を立て、１９４９年に司祭に叙階された。修練長を退任した後、念願であった隠修士となり、大修道院の敷地内にある山中の庵で独居を始め、１９６８年に死去した。

彼は人間の霊性が神との対話によって形成されることを何よりも強調した。彼はデカルト(René

Descartes, 1596 - 1650）に淵源する現代の主我主義と対決し、人間が自己ではなく神に中心を置くべきであって、神こそすべての中心であり、「いたるところにあり、またどこにもない」とはいえ、すべてが出会い、発出するところであると説いた。つまり神が超越と内在とを統合しており、神は宇宙を創造することによってその超越性が宇宙に内在するようになった。したがって宇宙を創造した神は、宇宙の根源であり、実在する万物の源《みなもと》である。神は万物の源としてすべてに現存する。その際、神は「わたし」にも内在しており、わたしに対し「汝」と語るのである。このような思想は「ルイヴィル体験」と呼ばれる自覚から起ってきた（詳しくは金子晴勇『キリスト教霊性思想史』教文館、533―535頁を参照）。

彼は禅について『キリスト教と禅体験』を書いた。その中で「一キリスト者の禅観」という箇所で明らかなように、彼はキリスト者として禅を考察し、キリスト教の教義よりも霊的な体験の側面を強調する。なぜならキリスト教には禅の「悟り」に匹敵する比類なく価値の高い体験の伝統もあるから。彼は体験の比較を通して東洋の霊性に近づく道を探求した。彼によると禅定《ぜんじょう》（座禅）という禅の目的は「説明することではなくして、注意を払い、意識し、覚醒していること、換言すれば、型にはまったことばなどに欺むかれえないような意識を発展させることである」。そこには理性的に証明できる「論理的確実性」ではなく、信仰による「宗教的確実性」でもなくて、「実存的・経験的でもあるところの真の形而上学的直観にともなう確実性」が求められる。なぜなら「仏教の目的は、意識を純化してこの種の悟りに達することである」から。この悟りは大乗仏教では「慈悲の会得」であるが、それは菩薩が苦界の中に止まりながら、その中に涅槃《ねはん》を見いだすように、現象的なものと本体的なものとを一体的に捉える形而上学から起こっており、生死の輪廻に悩める者たちと仏陀とを一体視する慈悲深い愛のゆえに生じる。

啓示宗教であるキリスト教は「教義」を重要視するため、啓示の正しい伝達と同時に誤った解釈を批判するが、教義を受容する主観的・神秘主義的体験をおろそかにする。ここからキリスト教と禅との相違が生じ、キリスト教では客観的な教義が、主体的な宗教体験の上位にあるのに対し、禅では体験が教義に優先する。しかも禅は啓示概念を捨て去り、存在の自然的・本体論的根拠を徹見《けんてつ》しようとする。キリスト教は恩恵宗教であり、神に全面的に依存する宗教であるが、禅は簡単に「宗教」として類別することはできない。禅は、他の仏教諸派と同じ様に、救いや悟りを求めて励んでいるときでも、完全な自由と独自性を得させようと努める。この独自性は、本性と精神との奥底にある力をわがものとして使いこなすことを妨げる単に外的な支えや権威に煩わされないものである。こうした「自律」の強調は、中国と日本の禅に観られるように、きわめて厳格で権威主義的な訓練のあらゆる可能性を尽くしたあとで、究極的に内なる自由を謙虚な心で見出すことを意味した。このことは、禅匠たちの厳格な教化の方法を見れば明らかである。

こうしてマートンによって仏教とキリスト教との間には霊性の機能が共通している点と相違し

ている点が明らかにされ、相互の比較によってそれぞれの霊性機能の特質と意味とが説き明かされた。しかし彼自身はキリスト教的霊性の確信のうちに生涯を全うした。

(2) デュモリンの霊性比較論

カトリックの神父デュモリン(Heinrich Dumoulin, 1905 - 1995)は上智大学で永く教鞭を執ったドイツ人であり、同時に禅を研究し、東西の霊性の比較研究を行った。禅についてドイツ語で書かれた大著があるがここでは『仏教とキリスト教との邂逅』(西村恵信訳、春秋社、1981年)を採りあげて考察したい。

彼によると人間の生命が呼吸のリズムにおける静と動との両極の活動から流れ出るように、人間の身体と魂とは交互的調和と相互依存の関係にある。東洋の禅定の特殊性はこの確信から起こってくる。それは身体との一致によって完全なものとなる。身体と魂は互いに協力し合うものである。禅仏教の「結跏趺坐《けっかふざ》」(坐禅)は心身の一体的な経験である。日本の禅匠は、この統一を心身一如の「姿」で実現する。道元禅師によれば、坐禅の姿はそのまま仏陀の正覚《しょうがく》を表現する。

デュモリンによると、このような姿をヨーロッパ人はギリシアの心身二元論の影響で忘れてしまった。聖書に見える原始キリスト教の人間理解は、ギリシアの二元論的見方とは全く相違することが今日明らかになった。もし肉体の復活という信仰がなかったならば、キリスト教は心身の基本的統一の教えを見失ったかもしれない。キリスト教の教義ではこの心身一如《しんしんいちにょ》の信仰は、受肉や復活の信仰のように人間の全き統合をめざしている。この人間の身体は霊（pneuma）によってキリストの倣《まね》びを通して変容される。

だが聖書的人間観の復権は、西洋をしてアジアとの対話に赴かしめる。キリスト教徒は極東の瞑想との接触によって聖書の真実をいっそう完全に会得するようになり、同時に極東の霊性の理解を深めることができる。デュモリンによると霊性は禅定によって心身のもっとも完全な発露を見いだす（前掲訳書10―14頁）。また抽象的思考や概念的言語には本質的な限界があるため、禅の直観知の重要性が指摘される。なお東洋人が否定的な思考方法を好むように、キリスト教の啓示もまた、聖書に示されるように否定の神学をもっている。

神の問題は仏教徒とキリスト教徒のすべてにとって最大の問題である。東洋人の心からすれば、深い宗教経験は神秘的であって説明の及ばないものである。同様に自らを啓示する神聖な存在は、人間のことばで言い表わしがたいものであり、あらゆる言詮《げんせん》を超えた超越的な無であるがゆえに、存在であると同時に非存在と呼ばれる。仏教徒の宗教体験も瞑想と一つになって究極的実在へと向けられている。坐禅や百万遍の念仏もある絶対他者に向っていることに変わりはない。仏教徒は絶対他者を「無」と名づける。しかし体験された空や無そのものは、想像を絶するような活力をもっている。ここから仏教徒とキリスト教徒との対話は本質的な神学上の問題へと進むことになる。

デュモリンは救済に先行する基礎的で根本的な体験の重要性とその意義を指摘する。四諦《しだい》（苦《く》諦《たい》、集諦《しったい》、滅諦《めったい》、道諦《どうたい》）の中の苦諦は人間存在の根本的な苦悩の体験であって、仏教では諸行無常として説かれた。それがキリスト教徒でも同じように説かれるので、それは解脱《げだつ》とか贖罪《しょくざい》とかによる救済を求めさせる契機となる。

また救い主である阿弥陀仏に対する人格的関係はキリスト教に酷似する。仏教に見られる超越体験は人格的なものとして理解することができる。その際、人格という概念が明らかにされなくてはならない。たとえば称名《しょうみょう》として唱えられる阿弥陀仏の像は人格的な光を発している。この事実は、仏教の中に非人格的、宇宙的なものと、人格的なるものとの関係という問題を提起する。絶対的なるものが超越的無として経験されるところでは、否定的な形式でもって絶対的超越が語られる（前掲訳書、102―103頁）。

そこから帰結することは仏教的霊性が救済の霊性であり、それは仏教の世界宗教としての普遍的性格を反映する。その形の多様性は、人間的、宗教的な価値が多様であることを示す。そこには宗教生活の本質的な事柄について対話できる多くの接点が提供されている。

（3）門脇佳吉の禅とキリスト教神秘主義

門脇はイグナティウス・デ・ロヨラ『霊操』の翻訳者にしての研究者であって、霊操の過程と禅定との関係を考察したことから、『禅仏教とキリスト教神秘主義』（1991年。現在、岩波人文書セレクション、2014年）を書いて、禅とキリスト教との六つの類似点をあげた。

それは第一に、アウグスティヌスが説いたような内面性の命法「外に向かわず自己に帰れ」が宗教に至る実践において共通している。第二の類似点は宗教体験への道が徹底的な自己放棄であることにある。それはたとえばエックハルトの「離脱」と禅宗の「大死」に証示される。第三はわたしたちが人間の想像や表象や概念から逃れ、純粋無雑になることが要求される。これはエックハルトの言う「脱表象化」である。第四は「両宗教体験が主客の対立を越えた一致体験である。この一致において、神ないし仏も、名なく無形無相であり、魂ないし心も、無形無相である。神も仏も〈無〉であると言われる」。第五は、両者が宗教を把握する特質が知的性格をもっている点が似ている。第六は、両者が生活上の実践活動を重んじており、活動する知恵を説いている点が似ている。このことは禅の用語「平常心是道」でもって表すことができる（『禅仏教とキリスト教神秘主義』岩波書店、18頁）。

京都学派の禅思想とキリスト教

西田幾多郎は『場所的論理と宗教的世界観』という論文の終わりで自説をさらにキリスト教に

接近させて考察し、ルターやパスカルを引用して自分の霊性思想を説明した。ルターの場合には有名な『ローマ書の序文』を参照し、「信仰はわれわれの内に働きたもう神のわざなりとあるように我々を変えて新しく神から生まれさせ、古いアダムを殺し、我々を全く他の人となし、更に聖霊を伴いきたらすといっている」（『自覚について』岩波文庫、355—356頁）と言う。そしてこの考えは禅宗の言う「見性成仏《けんしょうじょうぶつ》」（本来もっている自分の本性・仏心を見きわめて悟ること。）と同じであって、「見」とは「自己の転換」や「入信」を意味すると主張する。またパスカルの「考える葦」としての偉大さは人間が思考によって宇宙をも洞察し、人世の悲惨を転じて幸福となすからであると解釈する。終わりに彼はキリスト教と仏教に関して「私は我々の自己と絶対者との関係において、相反する両方向を認めることができるという。そこにキリスト教的なものと、仏教的なものとの二種の宗教が成立するのである。しかし抽象的に単にその一方の立場にのみ立つものは、真の宗教ではない」（前掲書、368頁）と語って、相互の理解を促進すべきであると言う。そして「絶対愛の世界は互に掴く〔裁く〕世界ではない。互に相敬愛し、自他一となって創造する世界である」と説き、彼の絶対矛盾の自己同一という霊性論理を展開する。

　西田のこの主張やそれを継承する西谷の思想を積極的に受容しながら武藤一雄（1913 - 1995）はルターとキルケゴールの思想を継承しながらプロテスタントの立場から仏教とキリスト教との関係を考察した。その他にも類似した試みが今日も継承されているが、ここでは武藤の思想を代表的なものとして考察したい。

武藤一雄の代表作は『宗教哲学の新しい可能性』（国際日本研究所、1974年、創文社で再刊）であって、それは無神論・世俗化・ニヒリズム等のいっそう深まりゆく現代の思想状況を積極的に受けとめながら、宗教哲学の新しい可能性を探求する。その研究対象もキリスト教、仏教、実存哲学という広範囲にわたっている。

弁証法神学ないしはバルト神学以後宗教哲学への関心が後退したのは「宗教主義」やそれと結びついた「歴史主義」に対するリアクションに由来するのであるが、そこにはプロテスタント神学から由来する正当性と同時に行きすぎの問題が考えられる。この現代の神学的状況は宗教主義に立つ宗教哲学と弁証法神学の宗教主義批判との二者から再検討されなければならないが、キルケゴールが説く、一般啓示の「宗教性A」と特殊啓示の「宗教性B」との関係の類比にもとづいて、BをAに還元する「哲学的宗教哲学」ではなく、BがあくまでBでありながらAとの間に結びつきを求めるのが「神学的宗教哲学」であり、彼自身もこの立場に立つと説かれる。

ここから新しい宗教哲学の可能性が探究され、神学と哲学との間にティリッヒ（Paul Johannes Tillich, 1886 - 1965）が試みたように対話的関係を立てることが不可欠であるが、その際、ニヒリズムの哲学を徹底的に媒介した哲学であるハイデッガー（Martin Heidegger, 1889 - 1976）の哲学と神学との折衝の必然性を武藤は力説する。次にキリスト教と諸宗教、たとえば仏教との出会いは人格的邂逅に類比的なものでなければならない。キリスト教以外の諸宗教を一般宗教史の中に編入し、一般啓示の宗教性Aの表現と見る以前の考え方から転じて、たとえば仏教を宗教性BとしてBなるキリスト教との間に「汝」関係が成立しなければならない、と説かれる。そのうえで我―汝関係に類比する実存的交わりの場が新しい宗教哲学の可能な場である。しかも仏教は日本の精神的風土に土着化した宗教であり、かつニヒリズムを超克した「空」の原理に立つ無神論的宗教である特質が指摘され、両者の対話を通して、いよいよそれ自身となる方向と同時に、両者の関係が問われる。その際、両者を結びつける有機的な結合性は宗教性が「無いことにおいて有るというような性格」をもつ、「消極的な〈需〉(Bedarf)としての宗教心」、つまりアウグスティヌス的「不安な心」の中に求められる。そこには「自然的素質」の否定としての自然的素質が存在する。

このような観点に立って武藤は「キリスト教の土着化」の問題を契機に西洋的な世界宗教としてのキリスト教と東洋的世界宗教としての仏教、なかでも禅と相触れあう点を追究する。しかも両者の相容れない相違点をも明らかにしようとし、「無」の理解を手がかりにそれを考察する。そこには基本的命題として「ニヒリズムの徹底即止揚」が立てられ、この命題が著者の宗教哲学の第一原理とみなされる。この重要な命題はティーリケのいう最後のイズムとしてのニヒリズム、つまりイズムがない(nihil-ism)イズムという自家撞着により、ニヒリズムというイズムがまさに止揚さるべきイズムにほかならないことから導きだされる。こうしてニヒリズムの徹底即止揚こそニヒリズムを媒介とした「高次のリアリズム」として宗教の立場を成り立たしめる。そこに示される「無」の理解はキリスト教のそれと異質のように見えるが、ルターやティリッヒ、さらにパウロならびに新約聖書の検討によって、無の消極的契機と積極的契機の間に成り立つ弁証法が信仰の核心であると鋭かれる。

このような「無」の理解に立って仏教的とくに禅的な無の思想との対比がなされ、両者の根底に「実定的諸宗教を底に超えた人間の根源的宗教性」が追求され、人間存在に必然的に絡まる虚無性の止揚、つまりニヒリズムの徹底即止揚が両者に共通する事態として見いだされる。「そしてそのような〈無〉を介して、実は、両者の間に、真の邂逅、真の対話が成り立ち、且つそこから、あらゆる既成の比較宗教学的ないし宗教哲学的答えを撥無する〈宗教的なもの〉の所在が、新たに求められるにいたるであろう」（武藤一雄『宗教哲学の新しい可能性』創文社、69頁）と主張される。

さらに武藤は宗教における「内在的超越」を晩年にはとくに考察した。そこには西田幾多郎のことば「私は将来の宗教としては、超越的内在より内在的超越の方向と考へるものである」を手がかりとし宗教哲学の新しい方法が検討される。キリスト教信仰にどこまでも内在的に忠実な立場は神学的と呼ばれ、それに終始する「神学主義」はバルト神学に見出される。これに対し内在的超越の立場はキリスト教信仰に徹底的に内在的になることによって、それを超える世界に出で立ち、キリスト教と仏教との相互理解が可能になるごとき場に出で立つことにほかならない。宗教における内在的超越は神に見捨てられたかのごとき世界が、その神否定の極において逆対応的に神に接することであり、世界と同根源的な人間が自己の有限性に徹すること、つまり死によって逆対応的に神に接することにほかならない。ここから「宗教における〈内在的超越〉の方向は、実は、単に超越的なる神ではなくて、超越的なる神が、世界と人間とに徹底的に内在的であることをとおして真に超越的であることによって、必然的に根拠づけられた方向となるのでなければならない」（前掲書、149頁）と説かれた。さらに彼はこのように「内在的超越」は「超越的内在」なる神のわざに根拠づけられている点をも指摘する。このような思索を通して「従来のキリスト教が、世界宗教という性格をもつにしても、あまりに、西洋的な世界宗教という性格を具えていたと思われるから、……真にエキュメニカルな宗教となるために、東洋的（あるいは日本的）な世界宗教ともなりうる道を求めるものでなければならないと思う」（武藤一雄『神学的宗教哲学論集』第1巻、創文社）と説かれた（詳しくは金子晴勇「武藤一雄の霊性思想」『基督教学研究』40号、2021年を参照）。

第8章　霊性の共通性と相違性

キリスト教と仏教との間には霊性に関して相違点と共通点があげられる。先の比較考察によって解明された共通点は、人間が人間として有する宗教的な機能として両宗教においてともに確認されることができる。ところが問題は相違点であって、それは汎神論的な傾向をもつ仏教と徹底的に人格主義を貫くキリスト教との間ではその差異はかなり大きいと言わねばならない。だが、その差異がどんなに大きくても、両者は相互に対決する矛盾の関係にあるのではなく、共通点と相違点をはっきりさせることによって、相互の関係を一段と深めることができるであろう。そこで先ず「神の像」と「仏性」との関係を対比的に考察してみたい。

「神の像」と「仏性」

一般的に言って「像」は「原像」との関係を前提しており、両者は神と人、キリストと信徒との関係として立てられる。それに対し「仏性」は「神性」に概念的には類似しているが、仏や神となる「神化」の議論はキリスト教の内部ではあまり広がりをもたず、神秘主義的な傾向の思想家の間で論じられているに過ぎない。それに対し「神の像」というのは神の性質を写しているという点で「仏性」との関連があるので、この対比がわたしたちの問題を解くには大いに役立つと考えられる。わたしたちは東西の霊性の相違点を神と人との関係を表明する「神の像」と万物に偏在する「仏性」の相違性から考察することができるであろう。
はじめに「神の像」について次に「仏性」について考察する。

神の像とは何か

旧約聖書の創世記のはじめには人間の創造について物語られたとき、神の像について次のように言及される。

神は言われた。「我々にかたどり、我々に似せて、人を造ろう。そして海の魚、空の鳥、家畜、地の獣、地を這うすべてを支配させよう」。神はご自分にかたどって人を創造された。神にかたどって〔像にしたがって〕創造された。男と女とに創造された。神は彼らを祝福して言われた。「産めよ、増えよ、地に満ちて地を従わせよ。海の魚、空の鳥、地の上を這う生き物を

すべて支配せよ。」（創世記1・26―27）

神は世界と人間とを、プラトンの世界制作神であるデミウルゴスのように工匠として何らかの素材から作るのではない。神はその言葉「成れ」によって万物を創造する。世界と人間は等しく被造物であるが、人間は他のすべての被造物に優っている。人間は神に「かたどり」神の姿に「似せて」造られているからである。神は語ることによって人間を創造した。その際、「かたどって」が内包する前置詞の意味が重要である（原語は be〔=in〕＋tselen となっているが、それは in の意味である）。これをギリシア語訳の七〇人訳は kata「……にしたがって」と訳している。そうすると「神の像」は人間が創造される際の神的な基準を意味することになるが、同時にその基準に向かう運動とも理解される。この点を考慮してラテン語訳聖書ヴルガタは「神はご自分の類似性の像に向けて人間を造られた」（ad imaginem suae simillitudinis）と訳した。ここでは前置詞 ad が対格とともに方向や目標を意味し、人間の根源的な「神への対向性」が示される。したがって人間は神の創造によって一定の方向性をもった存在であり、静態的に「人間＝神の像」ではなく、動態的に「神の像」へ向けて形成されるべきものである。

それゆえ人間存在はそれ自身で自己形成をなし得るものではなく、むしろ神に根本的に関わり、対向する性格を具えており、「像」とは原像なる神に向けられる対向存在を示唆する。ここに人間の神に対する特別に親しい間柄関係と地位がある。この関係は神と人との「契約」によって示され、この契約は旧約から新約に発展する。この神の語りかけに人が応えることが人間の使命ともなる。神はわたしに対し「あなた」と語る。まさにこのゆえに、わたしは神に対し「あなた」と語ることができる。人格的な神とは、人間を人格にまで育成する神なのである。「あなたはわたしのもの。わたしはあなたの名を呼ぶ。」（イザヤ書43・1）。イスラエルの宗教は神に対する人間の関係のすべてを、この語ることと聴くことに置いている。それゆえ信仰とは聞いて従う「聴従」なのである。

仏性とは何か

それに対し仏性（buddha-dhatu）とは衆生が本来有している仏となる可能性である。「性」と訳される語は、教義上「種族」や「因」と同義とされる。それは元来、仏種もしくは仏の家柄で、そこに育った人が共通にもっている素性の意ともなる。またその所有者が菩薩である。仏性の語は、最初大乗の涅槃経において「一切衆生悉有仏性」と表現された。これは如来蔵経の「すべての衆生は如来蔵である」という宣言を継承し、衆生のうちなる如来や仏がやがて如来となる胎児と考えられた。それゆえ仏性は衆生に本来具わる清浄なる心であり、凡夫や悪人といえども所有する。したがって「わが身に仏性ありと知らぬものを、凡夫とは申すなり」（法華百座3・12）とさえ言われる。では日本仏教においてこの仏性はどのように理解されていたのか(なおインドでは、もっぱら「衆生」すなわち生きとし生けるもの、有情の生物のみに関して仏性の有無が論議されているが、中国では『荘子』にあるように仏性は在らざる所無く、草木土石の無情の物にも在るとされる)。

親鸞は『教行信証』で「一切衆生悉有仏性」を説明して、「大慈・大悲・大喜・大捨」とは、衆生でなく弥陀如来が修行中におこし、衆生をして仏性を獲得させるものである。それゆえ一切《いっさい》悉有仏性《しつうぶっしょう》としたのであると理解した。したがって「大慈・大悲・大喜・大捨」が衆生《しゅじょう》のものとなり、成仏の因となり、仏性となると説いて、仏性の意味を大きく転換させた(『教行信証』金子大栄編『親鸞著作全集』、法蔵館、110頁)。つまり「仏性は如来の廻向の信心であり」、そこには一切の功徳が備わっているので、この信心が仏性であるとした。このような解釈の転換を起こしたのは人間の側での無力の自覚であって、自力では「仏性」に到達し得ないことが強烈に自覚され、そこから仏によってのみ「仏性」を見いだしうることが説かれた。それゆえ信心が仏性であり、これは如来と等しくなることであるとすると、どうしても人格的な出会いの要素は希薄となる。

ところが道元になると「仏性」の意味が自然の中にも拡大される。彼は『正法眼蔵』の「仏性」の巻とか「狗子己仏性」の公案などで、一切は本来空という立場から、仏性空を説き、「有仏性」かそれとも「無仏性」かを論じた。さらに彼は仏性の「草木国土これ心なり。心なるが故に衆生なり。衆生なるが故に仏性有り」とも言う。このように道元によって仏性の議論が万物の存在にまで拡大されたことは事実であって、人格内のことにとどまった親鸞とは異なっており、世界における存在にまで拡大された。こうして汎神論的な傾向を帯びるようになり、親鸞が説いた人格的な理解は後退していった。

汎神論には自然を神と同一視する原初的形態と万有の中に神が偏在するという万有在神論とがあり、後者に属するキケロ（Marcus Tullius Cicero, 106 - 43 BC）が神が非人格的にすべての人がともに礼拝すべき普遍的な存在である、と説いたことが想起される（本書第2章、7節参照）。もちろん自然に内在する神々は人間の世界にも関わりをもっている。そうでなければ誰も宗教的感情などもつことができない（キケロ、『神々の本性について』前掲訳書を参照）。ここには神々と人との間に世界や自然か置かれ、これらを通して両者の関係が規定される。ここから非人格的な神の理解が発生してくる。仏教もこうした万有内在神的傾向をもっている。

霊性の論理——逆対応と超過の論理

ところで親鸞とルターの霊性論理は酷似しており、同じ内容の論理を形成する。この点を逆対応と超過の論理において明らかにしてみよう。

親鸞の霊性思想は『歎異抄』に示されているように、深刻な自己認識と念仏信仰との二つの契機が出会っているところで形成され、それは霊性論理にまで高められる。第一の契機である深刻な自己認識は「罪悪深重《ざいあくしんちょう》、煩悩熾盛《ぼんのうしじょう》の衆生」という言葉に示され、第二の念仏信仰は「悪人正機説」として説かれる。そこで彼自身の言葉を引用してみたい。

弥陀の本願には、老少善悪のひとをえらばれず、たゞ信心を要とすとしるべし。そのゆへは、罪悪深重、煩悩熾盛の衆生をたすけんがための願にてまします。しかれば本願を信ぜんには、他の善も要にあらず、念仏にまさるべき善なきゆへに。悪をもおそるべからず、弥陀の本願をさまたぐるほどの悪なきがゆへにと、云々（『歎異抄』岩波文庫、金子大栄校注、40頁）。

現代語訳「老少善悪の人をえらばれず」とは、いかなる人をも漏らすことのない本願の広さを現わすものである。「罪悪深重、煩悩熾盛の衆生をたすけん」との願は大悲の深さを語るものである。愛と憎しみとの煩い悩みの熾盛《しじょう》なるは人間の現実であり、これによって思い知られることは罪悪深重であるということである。その煩悩の心も念仏に和《なご》められ、その罪悪の身も本願の大悲にたすけられてゆく。それ故に念仏にまさる善はなく、本願をさまたぐる悪はないのである（前掲書、41−42頁）。

念仏まうしさふらへども、踊躍《ゆやく》歓喜のこころ、をろそかにさふらふこと、またいそぎ浄土へまいりたきこゝろのさふらはぬは、いかにとさふらふべきことにてさふらふやらんと〔どうしたことでしょうかと〕、まうしいれてさふらひしかば、親鸞もこの不審ありつるに、唯円房おなじこゝろにてありけり。よくよく案じみれば、天におどり、地におどるほどに、よろこぶべきことをよろこばぬにて、いよいよ往生は一定とおもひたまふべきなり。よろこぶべきこころをおさへて、よろこばせざるは煩悩の所為なり。……これにつけてこそ、いよ〳〵大悲大願はたのもしく、往生は決定と存じさふらへ。踊躍歓喜のこころもあり、いそぎ浄土へもまいりたくさふらはんには、煩悩のなきやらんと、あやしくさふらひなましと、云々（前掲書、54―55頁）。

このような言葉の中にひときわ感銘深い論理が示される。自己認識については単純にして明快である。「そのゆへは罪悪深重、煩悩熾盛《ぼんのうしじょう》の衆生をたすけんがための願にてまします」とあって、そこには同時に深い悲しみも見られるが、それでも悲しみが喜びと交流しながら、自己認識は深まっていき、「いづれの行もをよびがたき身なれば、とても地獄は一定すみかぞかし」（第2章）と表明され、「煩悩具足のわれらは、いづれの行にても生死をはなるることあるべからず」（第3章）、また「いかにいとをし、不便とおもふとも、存知のごとくたすけがたし」（第4章）と深化する。これらはすべて自己の身に当てはめて考えられている。この偽らぬ自己凝視が、あの感銘の深い唯円房との問答（第2の引用文）ともなったといえよう。そしてここにあの「踊躍歓喜のこころ」が表明されるに至る。ここから進展していって念仏の相続や現生不退の思想も生まれる。親鸞自身の日常生活の反省から「地獄は一定すみか」とか「悪人も往生の正因なり」つまり悪人でも救いを受ける資格があるとの思想が生まれてくる。そこには善人が救済され、悪人が地獄に堕ちるという合理的な応報が成立しない。こうして宗教の次元が開示され、悪人と救済、善人と地獄落ちとが逆対応的に捉え直される。これが「悪人正機説《あくにんしょうき》」を生み出す。つまり「善人なおもて往生をとぐ、いはんや悪人をや」（前掲書、45頁）と。

この悪人正機説と「踊躍歓喜のこころ」という観点は親鸞における霊性の論理を形成している。この点をルターとの比較という観点から解明してみよう。

1520年に発表された『キリスト者の自由』はルターの基本思想を能うかぎり簡潔にまとめあげたものであり、宗教的に豊かな内面的経験にもとづいて心の深みから静かに溢れ出るように福音的な信仰が説き明かされる。わたしたちはここに信仰によって義とされるという彼の中心思想が、罪人のままで無罪放免される法廷的な「義認」と考えられていても、そこにはキリストと魂とが「一つとなる」霊的なウニオ（合一 unio）が力説されており、それが「喜ばしい交換」でもって確立された。

ところで富裕な高貴な義なる花婿キリストが貧しい卑しい悪い賤婦を娶って、あらゆる悪からこれを解放し、あらゆる善きものをもってこれを飾りたもうとしたら、それは喜ばしい取り引き（交換）ではないか。その際、罪が魂を滅びに陥れるということはありえない。なぜなら罪は今やキリストの負いたもうところとなり、キリストのうちに呑まれてしまうからである。こうして魂はその花婿のかくも豊満な義をもつので、たといあらゆる罪が押し寄せてきても、再度罪に対抗することができる（Luther, WA 7, 25, 26ff.）。

この「喜ばしい交換」から初めて神と人との間に起こっている出来事が示されるのみならず、「神が授け人が受ける」授受という神人関係の内実を明らかにした。ここからルターに独自な神学的な論理が生まれてくる。それこそ信仰による飛躍が起こる「超過の論理」である。しかしこの論理を捉えるためにはこの喜びが心において「欣喜雀躍」つまり「小躍りする」と語られる観点を見ればよい。ルターは『マグニフィカト』（マリアの讃歌、１５２０―21年）で次のように言う。

神がいかに底深いところを顧み、貧しい者、軽蔑された者、悲惨な者、苦しむ者、捨てられた者、そして、まったく無なる者のみを、助けたもうような神にいますことを経験するとき、神は心から好ましくなり、心は喜びにあふれ、神において受けた大いなる歓喜のために欣喜雀躍する（hüpfen und springen）。するとそこに聖霊はいましたもうて、一瞬の間に、この経験において、わたしたちに満ち溢れる知識と歓喜とを教えたもう（Luther, WA 7, 547-548）。

ルターはこの作品でまず霊の作用を自然的な能力として考察し、それが理性の力を超えた作用であることを強調する。それは「理解しがたいもの」であって、理性によっては把握できない超越的働きを備えているとみなす。それゆえ霊は本質において理性および感覚からなる魂の作用を超越する信仰に関わっている。実際、霊と信仰とは等しい働きをする。したがって「信じる霊」（der glewbige geist）とも「霊の信仰」（glewben des geists）とも言われる（ドイツ語は原典のまま）。信仰はここでも人格的な信頼であって、一般的に「見ることも経験することもない」ものに関わり、信仰によって高揚する。この高揚には「欣喜雀躍」という心情の運動が伴われる。この心情の高揚する動きには悲惨な人間に対する神の顧みが前提されている。この前提は神と人との間に生じる「喜ばしい交換」であることをルターは先に引用した『キリスト者の自由』で明瞭に語っている。

こうした心情の動きはルターの中では独自な論理を形成する。それはパウロの言葉「罪が増したところには、恵みはなおいっそう満ちあふれました」（ローマ5・25）に示されている宗教的な経験に由来する。ここには罪の増加と逆比例的に恩恵が増大するという逆対応的な「超過の論理」

が成立する。こうした論理には先に指摘したように善行「にもかかわらず」罪人となり、悪行「にもかかわらず」善人であるという自覚が伴われている（この点に関して Ricoeur, The Conflict of Interpretation. Essays in Hemeneutics, 1974, p. 437 参照)。

東西霊性の交流と相互理解

かつてインド生まれのイギリスの作家キップリング（Joseph Rudyard Kipling, 1865 - 1936）は「西は西、東は東。この二者は決して出会うことはない」と詠ったが、それは真実であろうか。両者は出会っても決して心底から理解できないほどに相違し、両立しがたいのであろうか。

この問いに応えている思想家は多数いると思われるが、ここではまずインドの優れた学者ラダクリュシュナムのオックスフォード大学における「東洋の諸宗教と倫理講座」就任講演を取りあげてみたい。それは「まだ生まれていない世界の魂」（The World's Unborn Soul）という題で1936年10月20日に行なわれた（Eastern Religions and Western Thought, 1939. pp. 1-34 参照)。

ここで提起された「東方の宗教と西洋思想」の問題点をまず取りあげてみたい。彼はキリスト教がギリシア思想を受容し、その総合を許ろうとしたが、それが啓示宗教であって、たとえアウグスティヌスによってギリシア思想との統合が試みられたとしても、ギリシア的な非人格的神性とは相容れないままになっている。こうした分裂が統合されないままに近代に入っても、その思想的な混乱は収まっていない。こうした現代の精神状況に対し東方思想の意義が説き明かされ、新しい道が東方思想によって開かれる。そこには新しい地平・新たなる展望・隣人との新しい関係が熱望されており、そのためには「さらに進んだ霊的な成熟」(a more advanced state of spiritual maturity) に達し、霊的な要素が完成されねばならない、と説かれる。ところで霊的体験として宗教を把握するインドの教えは、その本質において合理的であり、ヒューマニスティックである。ヒンドゥー教は宗教に対して合理主義的であって、科学的な精神を維持している。こうして「宗教はわたしたちが信仰によって把握すべき啓示よりも、人間存在の最深の層を覆っているものを取り除き、それとの永久的な触れ合いに至らんと努める」。ヒンドゥー教は信仰の対象を強調する啓示宗教ではなく、個人に最高の価値を付与する体験を重んじる。というのは宗教は「神の観念」(notion of God) にあるのではなく、救いの経験、自己を変革する体験 (transforming experience) にあるから。したがって神性の明瞭な観念がなくとも、真の宗教はあり得るが、霊と俗の区別なしにはそれは不可能である。唯神論の場合でも、宗教の本質は神の体験ではなく、人間を改造する力の体験である。仏教では悟りと正見が重要であって、救済はこうした状態に達することである。こう述べてから彼は「人は神学について多くを知ることができるが、宗教の霊 (spirit of religion) のほうは欠けたままである」と批判し、「人間を超えたところから人間を活かしながら注入されるエネルギーを受けて全精神は前向きに飛躍し、ある霊的瞬間に最高の霊に満たされて魂の求めが満たされる」と語る。彼はこのように霊性の意義を指摘し、キリスト教とインド宗教の相互理解を推奨した。

さらに注目すべきはルドルフ・オットーの『西と東の神秘主義——エックハルトとシャンカラ』（華園聰麿訳、人文書院、1993年）である。彼によると西方と東方の神秘的な体験と思想では人間の霊的体験の最深の衝動において驚くべき一致があり、人種や風土や時代から全く独立した、人間精神の隠された内面的な究極的なる類似性が認められる。それは神秘主義という同一の本性について語ることができるからである。それは霊性の深みから発現しているがゆえに、東西の神秘主義を比較考察することが必要である。そこから東西の神秘主義には次の共通点が見いだされる。

（1）風土や地理的条件や人種の違いによって全く影響を受けない、人間精神の原始的に強力な衝動があって、そこには体験の内的な関連における驚くべき類似が見られる。

（2）神秘主義がつねに同一の性質であるとの主張は誤りであり、他の精神的な領域と同じく多様な表現と変化が認められる。

（3）この多様性は人種とか地理的条件によっては決められないのであって、同じ人種や文化的なサークルの中でも見られる。（そこで東方の代表者としてシャンカラ〔Shankar Acharya c.

700 - 750〕が、西方の代表者としてマイスター・エックハルト〔Meister Eckhart, 1250 - 1320〕が選ばれて、詳細な比較研究がなされた）。

そこで東西の神秘思想を比較してみると、①形而上学的思弁における類似性、②その教えは形而上学ではなく救済の教えであること。③認識の方法、アートマン（意識の最も深い内側にある個の根源を意味する。）と魂、被造物とマーヤー（ヒンドゥー教の神の1柱、創造神などが用いる神の力・神秘的な力）、自己高揚としての宗教という点に共通点があるが、相違点は、①生命力、②高揚と謙虚およびその対極性、③ゴティック的人間や倫理内容において指摘される。このような神秘主義の特質は霊性思想と読み替えることができる。

さらに西田幾多郎も『場所的論理と宗教的世界観』という論文の終わりで自説をさらにキリスト教に接近させて考察し、キリスト教と仏教に関して相反する両方向を認めることができる、と説く。彼は二つの宗教について言及し、単にその一方の立場にのみ立つものは、真の宗教ではないと語って、相互の理解を促進すべきであると主張する。そして「絶対愛の世界は互に捌《さば》く世界ではない。互に相敬愛し、自他一となって創造する世界である」と説いて、念仏の行者は非行非善的で、他力にして自力を離れた愛に生きており、我々の自己が「創造的世界の創造的要素」として活動しなければならない。そこから二つの宗教について次のように語っている。

キリスト教的にいえば、神の決断即ち人間の決断的に、終末論的ということである。無難禅師は生きながら死人となりてなり果てて心のままにする業《わざ》ぞよきという。……その源泉を印度に発した仏教は、宗教的真理としては、深遠なるものがあるが、出離《しゅつり》的たるを免れない。大乗仏教といえども、真に現実的に至らなかった。日本仏教においては、親鸞聖人の義なきを義とすとか、自然法爾《じねんほうに》とかいう所に、日本精神的に現実即絶対として、絶対の否定即肯定なるものがあると思うが、従来はそれが積極的に把握せられていない。単に絶対的受働とか、単に非合理的に無分別とかのみ解せられている。わたしはこれに反し真の絶対的能動からは、真の絶対的能動が出て来なければならないと考えるのである（西田幾多郎、『自覚について』368—370頁）。

この最晩年の思想の中で西田はキリスト教も仏教も相互に相手から学ぶべきものを示唆する。わたしたちにとってそれぞれの信じる教義は互いに譲り合うことができない性格をもっているとしても、信仰の主体に起こっている信仰の機能、つまり霊性作用を通して互いに学び合うことができる。ここからわたしたちは少なくともそれぞれの信仰の深化と普遍化に至る希望をもつことができる。これまで論じてきたことからこの点を再考すると、わたしたちは信仰の主体における機能を霊性の機能として詳しく考察してきた。その内容を単純化して言い直すと、霊性の機能は神を受容する働きではあるが、そこには同時に愛による創造作用が内蔵されている、と言えるであろう。したがって受容する機能には単なる受け身の姿勢だけではなく、受容しながら同時に新たに創り出す創造機能が内蔵されているといえよう。愛の創造作用はこれまでヨーロッパで大いなる歴史的な展開を見せており、日本におけるキリスト教徒も行動的になったが、そこには同時に思想的にも深化することが勧められよう。したがって日本仏教からもその知性的で深淵的な洞察力を学び得ることも多くあるではなかろうか。

霊性の比較による学び

現代の宗教社会学者ルックマンは現代の宗教を解明し、高度に制度化の進んだ社会における宗教の形態をラディカルに個人化された「見えない宗教」として把握した。彼によると人間の特質は単なる動物と異なって直接的な経験から距離を置くデタッチメントに求められるが、それは他者と邂逅し、対面する状況のなかで生じる。そこから「有機体はそれ自体では単に〈意味を欠如した〉主観的過程の担い手にすぎないのだが、他者とともにあることによって、はじめて自己となり〈客観的〉倫理的な意味宇宙を構成する」（ルックマン『見えない宗教――現代宗教社会学入門』赤池・スィングドー訳、ヨルダン社、73頁）と言われる。確かに人間は他者不在の真空の場所に生をうけているのではない。わたしたちの世界は経験的な意味が充満している。しかも世界には「歴史的社会的秩序が生み出す意味形態」つまり一つの時代や一つの社会が作り出すパターン化された意味世界である多様な「世界観」が支配しており、生命体としての人間の意識はそれを吸収して、個性化しながら修得する。

そうするとキリスト教も仏教もそれぞれ宗教的な世界観として、時代とともに個性化による多様な姿を造形してきたといえよう。この二つの宗教が出会うことによってさらに個性化は進展するように思われる。それゆえ現代日本の精神状況は両宗教が邂逅することによっていっそう優れた形態を生み出すことが期待されるのではなかろうか。

こうしてヨーロッパを経由したキリスト教が自己が生み出した世俗化の波に呑み込まれてしまったとき、精神的に弱体化したキリスト教には仏教との出会いによって再びその真価を発揮するときが来るかもしれない。その際、わたしたちは仏教の霊性から多くのことを学ぶことができるのではなかろうか。それゆえブラウトは「オリエンテーション」という論文でそ「霊的事実(西田幾多郎が先に「心霊的事実」と呼んだもの)を理解・表現・整理するに当たって、ギリシア的論理より、仏教的な論理の方が適切である」(ヤン・ヴァン・ブラフト『キリスト教は仏教から何を学べるか』、南山宗教文化研究所編、法蔵館〕、12頁)と言っている。そこでわたしたちが仏教から何を学ぶことができるかを考えてみたい。

こうした比較を試みるに際して先に挙げた「デタッチメント」が不可欠であると思われる。事実、歴史的な宗教としてのキリスト教は人格的出会いによって形成され、その世界観に個々人を固定化する傾向が優勢である。これでは他者との出会いは実現できない。しかしながら、人間としての人間の資質には「世界開放性」(マックス・シェーラー)や「脱中心性」(ヘルムート・プレスナー)の機能が備わっている。だから自己からも距離を置く「デタッチメント」はヨーロッパの神秘主義では「離脱」や「離在」または「放棄」として絶えず強調されてきた。この点では仏教も同じで、「出離」「遁世」「放念」が明らかに説かれてきた。確かに教理に関してはこれは不可能かもしれないが、霊性の形態においては相互に学びあえると言えよう。

現代の精神状況ではキリスト教は仏教から何を学ぶことができるであろうか。わたしたちは仏教の座禅から先ずはデタッチメントについて学ぶこと開始したい。たとえば自己の世界に対する執着を離れることが「出離」や「色即是空」(世界はそれ自体が実体として存在するのではなく空しいものから成り立っている)という般若の教えと繋がっている。

わたしたちはこれまでルターと親鸞とを取り上げて東西の霊性の特質を探求したが、そこには相違点よりも類似点の方が顕著であったのではなかろうか。類似点は――、

(1) 徹底した信仰の強調が第一の類似点である。両者共に信仰を力説し、恩恵を重んじているが、そこには深刻な罪悪観がともに認められ、「信仰によるのみ」(sola fide) という徹底した恩寵宗教が成立している。

（2）称名信仰が第二の共通点である。自分が破滅する窮地に立ってキリストや阿弥陀仏という救済者の名前を呼ぶことが信仰の出発点となっている。これはルターの場合には「キリストのみ」（solus Christus）の主張となり、親鸞の場合には「南無阿弥陀仏」の称名信仰となっている。

（3）実存的性格が共通している。そこには「親鸞一人」という個人的契機が存在し、これがルターの「私のため」（pro me）という主張と同じ内容となっている。そこには呻きや叫びが再度注目されなければならない。こういう基礎的な体験こそ重要である点が相互に確認することができる。この基礎経験からルターは「神の義」を行為による「能動的な義」ではなく、「わたしのため」に授与された「受動的な義」と理解することができ、宗教改革的認識に到達した。

（4）終わりに、霊性思想の非学問的性格をあげておきたい。二つの宗教では霊性は学問的な精進によっては実ることができなかった。それゆえ親鸞もルターも共に信仰の理論的な解明や、教理や教学の組織化を企図しなかった。むしろともに単純な信仰と実践とを重んじた。またともに妻帯することによって、独身生活自体に聖なるものがあるのではなく、心身の全体をあげての奉仕の生活をもって信仰の証しに努めた。

こうした共通点にもかかわらず、次にあげるようないくつかの相違点も同時に認められなければ

ばならない。まず――、

(1) キリストが歴史的実在であることが相違点となっている。キリストが単なる職名に過ぎないのではなく、ナザレのイエスという歴史的な実在であることこそ東西の恩寵宗教に見られる最大の相違点である(アルトハウス『キリスト教的真理』参照)。仏教の説く「阿弥陀」も「法蔵菩薩」も教えであって、実在する人物ではない。事実「キリスト」も職名であって、人名ではないにしても、キリスト教の主張はナザレ出身のイエスという人物の内にキリストの実現せる姿を捉えている。それに対し阿弥陀仏は人間の呼びかけや祈りに応答すると信じられていても、肉体を摂ったイエスのように対面して人々に呼びかけるのではない。そこに相違点が認められる。

(2) 次に鈴木大拙や柳宗悦《むねよし》といった現代の代表的仏教徒はともに両者の相違をキリスト教の男性的性格と仏教の女性的性格に求めている。キリスト教では神と人との関係を父子関係に見ている。その際、父は子に対し律法を課し、それを行なうように要求する、と彼らは考え、そこには未だ律法の要素が残存していると批判する。それに対し仏教は仏の大悲を説き、母がその子に対するように無償の愛を注ぐというのである。だからキリスト教は仏教に倣って真の愛の宗教に発展しなければならないと主張する。確かにそういう点は認められなければならない。しかし、当時のキリスト教が説く父子関係は、ローマ世界の「主人と奴隷」という支配関係を批判して、親しい間柄の人格的関係を表わしており、母性原理を否定するものではない。そこから神の母マリア信仰が起こってきてもいる。しかしこの批判を契機として「神の義」と「神の愛」との真実にして密接不離なる関連が再度熟考されなければならない。さらに――、

（3）宗教的価値「聖」を捉える視点が両者においては相違する。キリスト教は根源的聖者イエスもしくはその使徒たちとの時空を超えた人格的な触れ合いによって聖なるものを感得すると説く。それに対し仏教では悟りが中心であるため知的な直観によって自然を超えた聖なる法を捉えることがめざされる。そこから霊性の人格的情緒的な側面と知性的直観的な側面との相違が顕になってきている。

わたしたちはこれらの相違点を通して互いに学びあうことができる。相違点とまで言わなくとの差異もまた認められる。たとえば霊性は感性や理性のような明示的特質をもっていない。つまり感性的には見えないし、理性的にも理解できない。それは人間的な自覚によって永遠者に対向し、人格的な関係に入れられる事態のうちに表明されるが、とくにパウロがコリント信徒への第一の手紙第13章で強調したように、他者や隣人に対する実践的な行為である愛のわざにおいて霊性は可視的になり、元来目に見えないものが人格的な愛の関係において自己の姿を現すのである。この点は仏教においても信仰の往相《おうそう》と慈悲の還相《げんそう》の関連として説かれてきた。ところがキリスト

教と仏教との間には霊性の人格的情緒的側面と知性的直観的側面との相違が影響して、やがてキリスト教では道徳主義に転落し、仏教の場合には静寂主義に陥る傾向が見られる。両者の対話的な交流によってそれぞれ他者からこれらの点を学び合うべきである。こうして無信仰とニヒリズムが蔓延する現代社会にあって協力して、時代精神を克服する希望をもつことができるであろう。

付論　東西の妙好人

鈴木大拙の『日本的霊性』の第4編には「赤尾の道宗」とか「仏の才市」と呼ばれた浅原才市《あさはらさいち》（1850 - 1932）の霊性思想が紹介されており、これによって多くの妙好人《みょうこうにん》（浄土教の篤信者、特に浄土真宗の在俗の篤信者を指す語。）の研究が行われるようになった。この妙好人は不思議にも真宗系の中から誕生してきたが、妙好人への礼讃が現われるのが遅れたのは、おそらく妙好人のほとんどすべてが無学な片田舎の人たちで、教学的にはあまり重要でないと考えられていたからであろう。この妙好人は柳 宗悦《むねよし》のよると、「念仏系の仏教に美しく開いた花の如きもので、一切の念仏の教えが、ここに活きた姿となって現われている」。彼によると「妙好」とは、もともと、梵音《ぼんおん》で「芬陀利華《ふんだりけ》」と記され、元来は「白蓮華《びゃくれんげ》」を意味すると言われる。それで「妙好人」とは、白い蓮華のような浄らかな信心を、篤く身につけた信徒たちを讃えて呼ぶ言葉なのである。それゆえ妙好人は、何も念仏系の仏者のみに現われるわけではないが、それがいちじるしく念仏信徒の間に多く、わけても真宗の信徒に多いことは注目されてよい（柳 宗悦『妙好人論集』岩波文庫、1991年、135頁）。

そこで、浅原才市の霊性思想を代表的なものとして考えてみたい。彼は石見《いわみ》温泉津に下駄作りをして貧しく暮していた。彼は方言の言葉を使って、世間ずれがしておらず、率直であって、ほとんどすべてが仮名書きや当字であるが、その表現を読みやすくすると、次のように信心が歌われている。

「才市や　有難いのが　どうして知れた
俺がつまらんで　知れたのよ
親のお蔭よ」
「海には　水ばかり
水を受けもつ底あり
才市には　恵ばかり
悪を受けもつ　阿弥陀あり
嬉しや　南無阿弥陀仏　南無阿弥陀仏」

「俺の心は　くるくる廻る
業の車に廻されて
廻れば廻れ　臨終まで
これから先に車なし
止めて貰ったよ　なむあみだぶつ」

この言葉のように、才市の業の車が止って、彼が称名の中に往生を遂げたのは、昭和7年1月17日、享年82歳であった。大拙は才市の思想を西田幾多郎が生涯をかけて思索した成果に等しいものとして絶賛している。こうした妙好人にはその禅論や念仏系の仏教では妙好人こそはその教えの最も活きた純な姿を現わしており、「南無阿弥陀仏」の六字を思うものは、どうしても妙好人の存在を重要視せざるをえないといえよう。そこには理論を越えて、それに優る霊性の発露を認めざるをえなっからである。

仏が凡夫に成る仏、
凡夫仲間にいる仏、
南無阿弥陀仏を知らす仏よ、

これは分らん　分らん　これは不思議よ
南無阿弥陀仏　南無阿弥陀仏

「凡夫成仏《ぼんぷじょうぶつ》」、これこそは念仏宗が説き明かした根本的な真理だと思われる。妙好人こそは、成仏した凡夫そのものにほかならないからである（柳宗悦、前掲書146―148頁）。彼らは「唯我独尊」ならぬ「天上天下、唯我独悪」を深く体験している人々だといってよい。「唯我独悪」というのは、この世に自分ほど悪い者はおらぬという自覚である。誰よりも自分が悪人だというのみならず、真実には悪人は自分一人なのだとまで気附かせて貰うことである。これは禅における「唯我独尊」の自覚とまさに対蹠的であるが、しかし実は同じ境地を見つめているといえよう。自己の無限悪は、自己の無限否定であっても、同時に救いを深く体験している（前掲書、151―152頁）。この体験が彼らを阿弥陀仏に向かわせる。こうして南無阿弥陀仏の信仰が語られるようになる。このわずか6字の名号を口ずさむことで、浄土への往生がかなうと歌われる。そこに彼らは安心立命を表明する。それゆえここに新な生活が始まる。何もかも6字あっての事である。自他も生死も、すべてがここに収斂《しゅうれん》する。そこには民衆の心に深く達した親鸞聖人の霊性が結実しているといえよう。

次にはキリスト教の側にも多くの妙好人が輩出しているのではなかろうか。その中でも霊性の詩人たちの信仰詩集からいくつかをあげておきたい。霊性の論理は罪の自覚と逆対応的に恩恵の自覚を高める。まず、八木重吉（1898 - 1927）の作品から三編の詩をあげてみたい。

（1）「マグダラのマリア」
マリアはひざまずいて
私ほど悪るい女はないとおもった
キリストと呼ばれる人のまえへきたとき
死体のように身体をなげだした
すると不思議にも
まったく新らしいよろこびがマリアをおののかせた
マリアはたちまち長い髪をほどき
尊い香料の瓶の口をくだいて髪をひたし
キリストの足を心をこめてぬぐうた
香料にはマリアの涙があたたかく混じった
マリアは自分の罪がみな輝いてくるのをうっとりと感じていた

『定本　八木重吉詩集』弥生書房、166頁

（2）「基督」
キリストを仰ぎて黙す
けわしい路をおもう
キリストにつかまろう
キリストにつかまろう
ふりはなされてもふり離されてもつかまろう

前掲書、198頁

（3）「楽しき心」
楽しきこころは
すなわち私をはなれたこころ
すべてを離れておのずと一つの世界にいり
たいらかに物と人のうごきとをみるこころ
楽しき心とは
ひとたび離れてふたたび還りきたれるこころなり

前掲書208―209頁

次には身体の重い障害に苦しんだ水野源三（1937 - 1984）の作品から二編をあげたい。

「大切にせよ」
友にそむかれた時にも
大切にせよ　大切にせよ
主イエス様が与えて下さる
この恵みを　この信仰を

病に苦しむ時にも
大切にせよ　大切にせよ
主イエス様が与えて下さる
この希望を　この喜びを

すべてを失った時にも
大切にせよ　大切にせよ
主イエス様が与えて下さる
この命を　この平安を

水野源三『第三詩集　今あるは神の恵み』

「あなたを呼んでおられるから」
キリストが昼も夜も
あなたを呼んでおられるから
あなたの心を静かにして
キリストのみ声を聞けよ

キリストが愛をこめて
あなたを呼んでおられるから
あなたの心を空しくして
キリストのみ愛を受けよ

キリストが細き声で
あなたを呼んでおられるから
あなたの心の向きを変えて
キリストのみもとへ行けよ

水野源三『第四詩集　み国をめざして』

終わりに河野　進（1904‐1990）の詩から次の一編をあげておきたい。

「さらに」
病んで初めて知らされた
もっともっと苦しい病人がいる
もっともっと不幸な病人がいる
もっともっと追い詰められた病人がいる
もっともっと耐え難い十字架の病人がいる
自分の病いだけに閉じこもらず
さらにさらにへりくだり
祈りと励ましの大きい輪の一環となろう。

河野進詩集『母よ、幸せにしてあげる』

参考文献

はじめに

内村鑑三『ロマ書の研究』上「内村鑑三聖書注解全集」第16巻、教文館、1965年。

西谷啓治『神と絶対無』、「西谷啓治著作集」第7巻、創文社、1987年。

金子晴勇『ルターの人間学』創文社、1975年。

金子晴勇『ルターとドイツ神秘主義』創文社、2000年。

金子晴勇『人間学講義――現象学的人間学をめざして』知泉書館、2003年。

金子晴勇『キリスト教霊性思想史』教文館、2012年。

第1章　東西の宗教思想における霊性の展開

親鸞『歎異抄』岩波文庫、1981年。

鈴木大拙『日本的霊性』岩波文庫、1972年。

西田幾多郎「場所的論理と宗教的世界観」『自覚について』所収、岩波文庫、1989年。

西谷啓治『宗教とは何か』創文社、1961年
シェルドレイク『キリスト教霊性の歴史』木寺廉太訳、教文館、2010年。

アンダーヒル『神秘主義――超越的世界へ到る途』門脇由紀子他訳、ジャプラン出版、1990年。

パスカル『パンセ』前田陽一、由木 康訳、世界の名著（現在中公文庫所収）、１９７３年。

アウグスティヌス『真の宗教』「アウグスティヌス著作集第２巻　初期哲学論集」、教文館、１９７９年。

キルケゴール『死にいたる病』桝田 啓三郎訳、世界の名著、中央公論社、１９６６年。

ジェイムズ『宗教的経験の諸相』下、枡田 啓三郎訳、岩波文庫、１９７０年。

シェーラー『ルサンティマン ―― 愛憎の現象学と文化病理学』津田 淳訳、北望社、１９７２年。

シェーラー『人間における永遠なもの』亀井裕他訳「著作集７」白水社、１９７７年
「エックハルト説教集」植田兼義訳、『キリスト教神秘主義著作集７』教文館、１９９３年。

フランクル『精神医学的人間像』宮本忠雄、小田 晋訳、著作集６、みすず書房、１９６１年。

フランクル『識られざる神』佐野利勝、木村 敏訳、著作集７、みすず書房、１９７１年。

ヴァイツゼッカー『医学的人間学とは何か？』青木茂、滝口直彦訳、知泉書館、２００６年。

ヴァイツゼッカー『病因論研究 ―― 心身相関の医学』木村 敏、大原 貢訳、講談社学術文庫、１９９４年。

金子晴勇『愛の思想史 ―― 愛の類型と秩序の思想史』知泉書館、２００３年。

金子晴勇『人間学講義 ―― 現象学的人間学をめざして』知泉書館、２００３年。

金子晴勇『エラスムスとルター ―― 十六世紀宗教改革の２つの道』聖学院大学出版部、２００２年。

Martin Luther, Werke, Kritische Gesamtausgabe, Weimar, 1883ff.=WA
Luthers Werke in Auswahl, hrsg. O. Clemen, Berlin, 1950, 8 Bde,=CL
Max Scheler,Vom Ewigen im Menschen, 1968.
J. Wach, Vergleichende Religionsforshung, 1962.

第2章　東西の霊性における二類型

鎌田東二『神道のスピリチュアリティ』作品社、2003年。

河波昌「『日本的霊性』について」『大乗禅』1996年9月、826号、鈴木大拙逝去20周年特集号。

鈴木大拙『日本的霊性』岩波文庫、1972年。

鈴木大拙『禅と日本文化』岩波新書、1964年。

西谷啓治『宗教とは何か』創文社、1961年。

ひろ さちや『日本仏教の創造者たち』新潮選書、1994年。

アンダーヒル『神秘主義——超越的世界へ到る途』門脇由紀子他訳、ジャプラン出版、1990年。

エリアーデ『神話と現実』中村恭子訳、「エリアーデ著作集」第7巻、せりか書房、1997年。

ギルバート・マレー『ギリシア宗教発展の五段階』藤田健治訳、岩波文庫、1971年。

ゲーテ『ファウスト』手塚富雄訳、中公文庫、悲劇第1部、1974年。

シュライアマハー『キリスト教信仰』(『信仰論』の通称で知られる)安酸敏眞訳、教文館、2020年。

シェルドレイク『キリスト教霊性の歴史』木寺廉太訳、教文館、2010年。

ラッセル『メフィストフェレス——近代世界の悪魔』野村美紀子訳、教文館、1991年
金子晴勇『ルターの霊性思想』教文館、2009年。

第3章　キリスト教における霊性の特質—汎神論と人格主義

アンダーヒル『神秘主義』前出。

ヴォルフ『旧約聖書の人間観』大串元亮訳、日本基督教団出版局、1983年。

キケロ『神々の本性について』山下太郎、ほか訳、『キケロー選集11』岩波書店、2000年。

アウグスティヌス『告白』山田 晶訳、世界の名著14（中公文庫Ⅰ、Ⅱ、Ⅲ、2014年）、中央公論社、1968年。

アウグスティヌス『告白』上・下、服部英次郎訳、岩波文庫、1976年。

アウグスティヌス『魂の偉大』「アウグスティヌス著作集2」茂泉昭男訳、教文館、1979年。

アウグスティヌス『三位一体論』中澤宣夫訳、東京大学出版会、1975年。

アウグスティヌス『三位一体』泉 治典訳、「著作集 第28巻」、教文館、2004年。

ディオニシオス『神秘神学』、『神名論』熊田陽一郎訳「神秘主義著作集 第1巻」、教文館、1992年。

高橋 亘『西洋神秘思想の源流』創文社、1983年。

金子晴勇『人間学講義 —— 現象学的人間学をめざして』前出。

金子晴勇『アウグスティヌスの人間学』創文社、1982年。

金子晴勇『ルターとドイツ神秘主義 —— ヨーロッパ的霊性の「根底」学説による研究』創文社、2000年。
I. Singer, The Nature of Love. From Plato to Luther. 1966.

第4章　日本仏教における霊性思想の創造

親鸞『教行信証』金子大栄編、岩波文庫、1957年。

道元『正法眼蔵随聞記』岩波文庫、1982年。

白隠「夜船閑話」「遠羅天釜」『日本の禅語録』19、鎌田茂雄編、講談社、1977年。

磯部忠正『「無常」の構造』講談社現代叢書、1976年
大橋俊雄『法然全集』全3巻、春秋社、1989年。

金岡秀友『日本の神秘思想』講談社学術文庫、1993年。

末木文美士『日本仏教史――思想史としてのアプローチ』新潮文庫、1996年。

宮坂宥勝『密教世界の構造』――空海「秘蔵宝鑰」』ちくま学芸文庫、1994年。

『岩波 仏教辞典 第二版』中村元他編、2002年（第一版、1989年）。

唐木順三編『禅家語録集』、日本の思想10、筑摩書房、1969年

第5章　キリシタンと近代日本のキリスト教霊性思想

『完訳 フロイス日本史 全12巻』松田毅一訳、中公文庫、2000年
『聖フランシスコ・ザビエル書簡集』アペール他訳、下巻、岩波文庫、1991年。

川村信三『戦国宗教社会=思想史の研究――キリシタン事例からの考察』知泉書館、2011年。

有元正雄『近世日本の宗教社会史』吉川弘文堂、2002年
コリャード『懺悔録』大塚光信校注、岩波文庫、1986年。

西田幾多郎「場所的論理と宗教的世界観」、『自覚について』所収、岩波文庫、1989年。

大内三郎『植村正久　生涯と思想』日本キリスト教団出版、2002年。

植村正久『真理一班』著作集4、新教出版社、1966年。

植村正久『霊性の危機』、警醒社、明治32（1899）年。

『内村鑑三全集』（旧版）第8巻「教義研究」上、岩波書店、1932年。

内村鑑三『余はいかにしてキリスト信徒となりしや』鈴木範久訳、岩波文庫、2017年。

内村鑑三『求安録』岩波文庫、1939年。

内村鑑三『キリスト教問答』講談社学術文庫、1981年。

『新井奥邃著作集』全九巻、別巻一冊、春風社、2002—2006年。

工藤正三「新井奥邃を理解する手がかりとして」新井奥邃先生記念会監修『知られざるいのちの思想家 新井奥邃を読みとく』春風社、2000年。

工藤直太朗『新井奥邃の思想』青山館、1984年
安部能成編『綱島梁川集』岩波文庫、1994年。

綱島榮一郎『病間録』梁江堂、、1918年、13版（初版、明治38、1904年）。

金子晴勇『キリスト教人間学』知泉書館、2020年。

金子晴勇『キリスト教霊性思想史』教文館、2016年。

第6章　近代日本の仏教思想家の霊性思想

清沢満之『宗教哲学骸骨』、『精神主義』「日本の名著43」中央公論社、1970年。

倉田百三『出家とその弟子』岩波文庫、2003年。

河波昌「『日本的霊性』について」『大乗禅』1996年9月、826号、鈴木大拙逝去20周年特集号。

鈴木大拙『日本的霊性』岩波文庫、1972年。

橋本峰雄『精神と霊性――仏教近代化の二典型』「世界の名著43」中央公論社、1970年。

上田閑照編『西田幾多郎随筆集』岩波文庫、1996年。

西田幾多郎『場所的論理と宗教的世界観』岩波文庫、1989年。

『直接経験――西洋思想史と宗教』〔対談〕西谷啓治と八木誠一、春秋社、1989年
西谷啓治『神と絶対無』創文社、1987年。

西谷啓治『アリストテレス論攷』弘文堂書房、1948年。

西谷啓治『ニヒリズム』弘文堂、1940年。

西谷啓治『宗教とは何か』創文社、1961年。

第7章 東西霊性思想の比較考察

親鸞『歎異抄』前出。

親鸞『教行信証』前出。

法然『選択本願念仏集』岩波文庫、1997年。

『法然全集』第2巻、大橋俊雄訳、春秋社、2001年。

上田閑照『非神秘主義――神とエックハルトと――』岩波現代文庫、2008年。

中川憲次「ベギンの女性とマイスター・エックハルトの出会い」宮谷宣史編『性の意味』新教出版社、1999年。

神父デュモリン『仏教とキリスト教との邂逅』西村恵信訳、春秋社、1981年。

門脇佳吉『禅仏教とキリスト教神秘主義』岩波人文書セレクション、2014年。

西田幾多郎『場所的論理と宗教的世界観』、『自覚について』「西田幾多郎哲学論集〈3〉」岩波文庫、1989年。

武藤一雄『宗教哲学の新しい可能性』国際日本研究所、1974年、創文社で再刊。

金子晴勇『キリスト教霊性思想史』教文館、2012年。

エルンスト＝ベンツ『禅　東から西へ』柴田 健策、榎木真吉訳、春秋社、1984年。

ルター『主よ、憐れみたまえ――詩編五一編の講解』金子晴勇訳、教文館、2008年。

ルター『キリスト者の自由』石原 謙訳、岩波文庫、1955年。

オットー『西と東の神秘主義――エックハルトとシャンカラ』華園聰麿訳、人文書院、1993年。

ヤン・ヴァン・リュースブルク『霊的な婚姻』植田兼義訳「キリスト教神秘主義著作集9」教文館、1995年。

トマス・マートン『キリスト教と禅体験』池本喬・中田裕二訳、エンデルレ書店、1969年。

Karl Barth, KD. I Band, Zweiter Halbband, 1939.

Max Weber, Gesammelte Aufsätze zur Religionssoziologie, II.

第8章　霊性の共通性と相違性

親鸞『教行信証』金子大栄編、岩波文庫、1957年。

親鸞『歎異抄』岩波文庫、１９８１年。

道元『正法眼蔵随聞記』岩波文庫、１９８２年。

西田幾多郎「場所的論理と宗教的世界観」『自覚について』所収、岩波文庫、１９８９年。

キケロ『神々の本性について』キケロー選集〈11〉、岩波書店、２０００年。

ルター『キリスト者の自由』前出。

ルター『マグニフィカート』内海季秋訳、聖文舎、１９７３年。

ルドルフ・オットー『西と東の神秘主義――エックハルトとシャンカラ』前出。

ルックマン『見えない宗教――現代宗教社会学入門』赤池・スィンゲドー訳、ヨルダン社、１９８９年。

ブラフト『キリスト教は仏教から何を学べるか』、南山宗教文化研究所編、法蔵館、１９９９年。

Ricoeur, The Conflict of Interpre-tation. Essays in Hemeneutics, 1974.

付論

柳 宗悦『妙好人論集』岩波文庫、１９９１年。

『定本 八木重吉詩集』弥生書房、１９９３年。

水野源三『第三詩集 今あるは神の恵み』アシュラムセンター、１９８１年。

水野源三『第四詩集 み国をめざして』アシュラムセンター、１９８４年。

河野 進詩集『母よ、幸せにしてあげる』聖恵授産所、１９８６年。

あとがき

本書の主題である「東西の霊性思想」はわたしが学生時代から追究してきたテーマの一つです。最初はルドルフ・オットーの『西と東の神秘主義』の英訳本をその出版の翌年1958年に読み、このテーマの重要性を教えられました。また大学を卒業したころインドの有名な哲学者ラダークリュシュナムのオックスフォード大学就任演説「まだ生まれていない世界の魂」(『東方の宗教と西洋思想』所収)を読んでこのテーマの重要性を認識するようになりました。しかしわたしの研究はアウグスティヌスとルターでしたから、本書においてもこのテーマを比較思想の観点から学問的に考察したのではなく、わたしが学んできたことを試論として纏めたものです。

わたしは大学院時代に宗教学の西谷啓治先生やキリスト教学の武藤一雄先生に親しく指導されましたので、このテーマには大学でも一般教育の教師として働きながら絶えず関心を寄せてきました。というのも日本の国立大学ではキリスト教を直接教えることはできず、仏教との比較で客観的に話すように要請されていたからです。そこで東西の神秘主義の比較を試みながら、特殊な神秘家の思想よりも一般的な霊性思想のほうが学生には親しみやすいと思うようになりました。さらに宗教思想を、一般に扱っているように、教義としてではなく、その信仰の作用面を機能的に考察することによって、いっそう身近なものとして理解できるように試みました。このような機能論的な方法を採用することによって、わたしは東西の宗教の特質をこれまで試みられてきた比較の方法よりも分かり易く考察できるようになりました。

こうした比較研究は大学の先輩である河波 昌さんと一緒に続けられました。わたしは河波さんが東洋大学を退職されるときに、一緒に講演をするように誘われました。そこでどんなテーマで講演会をもちましょうかと、相談を受けたので、わたしは「東西の霊性」を提案しました。すると彼も喜んでくださり、彼が主題講演を行い、わたしがそれに質問するというかたちで参加することになりました。その全貌は東洋大学の『東洋学研究』第38号1996年に記録されています。またわたしの発表内容は金子晴勇『人間学から見た霊性』教文館、2003年、102―117頁にも入っています。

それと並んで精神医学の専門家であった平山正美（1938 - 2013）さんとも若いときから親しく交際するようになり、彼が主催する東洋英和女学院のスピリチュアル研究所に招かれて霊性思想を日本思想との比較で話したり、彼が聖学院大学に移ってからは、共同で市民講座を計画したりしました。しかも本書の第1章はわたしが定年退職する直前に彼の企画で講演会が計画され、そのとき話した内容がそのまま雑誌に掲載されたものです（『聖学院大学紀要』、50号、２０１１年）。

　こうして本書は7年ぐらいまえに完成したのですが、その際、聖学院時代の同僚であった、日本キリスト教思想史の研究家である鵜沼裕子《うぬまひろこ》さんに、ほぼ全体を閲読してもらい、日本キリスト教史と関連する部分での誤りを指摘してもらいました。それらを訂正することによって少しでも改善できたことをありがたく感謝しています。

　ところで今年の3月に小金井福音キリスト教会の牧師濱　和弘さんが、東京聖書学院の院長である錦織　寛さんとご一緒にわたしを訪ねてくださり、最近考えていることをアジア神学大学院で何か講義してほしいと要請されました。コロナ禍であるため、インターネットでも講義が可能ですと説得され、老齢のわたしには無理であることを承知していましたが、引き受けることにしました。そこでこれまで長い期間にわたって学んできた「東西の霊性思想」でもよいですかと聞きますと、それでよいと言われ、それを講義することにしました。

　このことを出版社ヨベルの安田正人さんに伝えますと、その講義に間に合うように出版するように提案され、長い期間にわたって熟考を重ねてきた本書がやっと陽の目を見るようになりました。

なお本書の校正段階で濱 和弘さんは、牧会のお仕事でお忙しいにもかかわらず、校正に参加してくださったことを感謝します。

このように多くの方々の協力を得て、本書が出版できるようになったことを心から感謝する次第です。

２０２１年７月10日

金 子 晴 勇

金子晴勇（かねこ・はるお）
1932年静岡生まれ。1962年京都大学大学院博士課程中退。67年立教大学助教授、75年『ルターの人間学』で京大文学博士、76年同書で日本学士院賞受賞。82年岡山大学教授、1990年静岡大学教授、1995年聖学院大学客員教授。2010年退官。

主な著書：『ルターの人間学』（1975）、『アウグスティヌスの人間学』（1982）、『ヨーロッパ人間学の歴史』（2008）、『エラスムスの人間学』（2011）、『アウグスティヌスの知恵』（2012）、『知恵の探求とは何か』（2013）、『キリスト教人間学』（2020）、『わたしたちの信仰——その育成をめざして』（2020）、『キリスト教思想史の諸時代Ⅰ』（2020）、『キリスト教思想史の諸時代Ⅱ』、『キリスト教思想史の諸時代Ⅲ』（2021）、『キリスト教思想史の諸時代Ⅳ』（2021）、『ヨーロッパ思想史——理性と信仰のダイナミズム』（2021）ほか多数
主な訳書：アウグスティヌス著作集 第9巻（1979）、ルター『生と死の講話』（2007）、ルター『神学討論集』（2010）、エラスムス『格言選集』（2015）、C. N. コックレン『キリスト教と古典文化』（2018）、エラスムス『対話集』（2019）、B. グレトゥイゼン『哲学的人間学』（2021、共訳）ほか多数

東西の霊性思想
キリスト教と日本仏教との対話

2021年08月27日 初版発行
2022年01月11日 再版発行

著　者 —— 金子晴勇
発行者 —— 安田正人
発行所 —— 株式会社ヨベル　YOBEL, Inc.
〒113-0033 東京都文京区本郷4-1-1-5F
TEL03-3818-4851　FAX03-3818-4858
e-mail：info@yobel. co. jp

印　刷 —— 中央精版印刷株式会社
装　幀 —— ロゴスデザイン：長尾 優
配給元—日本キリスト教書販売株式会社（日キ販）
〒162 - 0814　東京都新宿区新小川町9 -1
振替 00130-3-60976　Tel 03-3260-5670

　ISBN978-4-909871-53-4 C0016